Specialist

서비스 코디네이터

김민주 저

백산출판사

머리말

사회·경제의 발달로 경쟁이 치열해지면서 기업과 제품은 고객에 의해 살아남을 수 있다는 생존법칙이 대두되었다. 이런 흐름으로 고객의 마음을 사로잡는 서비스에 대한 관심이 높아져 경쟁과 생존을 위한 고객 만족 서비스 경영이 부각되었고 21세기는 서비스 경영, 서비스 산업의 시대가 되었다.

과거에는 기업들이 '고객 만족을 넘어 고객 감동으로 이어져야 경쟁력 우위를 선점한다'는 인지로 단순 스마일이나 무조건적인 친절만을 중시하는 직원 서비스 교육에 열을 올렸으나, 이제는 고객과 동화할 수 있는 서비스 문화 정착이 기업의 존폐를 좌우하게 되었다.

제품과 기업 이미지인 하드웨어적 서비스와 인적인 소프트웨어적 서비스 중 어느 서비스가 중요할까? 이 중 한 가지라도 미흡하면 고객 불만족으로 이어질 수 있는 위험 요소를 내포하게 된다.

이런 위험 요소를 예방하고 고객 감동 서비스 문화의 정착을 위해 서비스 코디네이터란 직업이 대두되었으며 이 직종이 서비스 산업시대에 각광받는 이유가 되었다.

서비스 코디네이터는 고객응대 수칙에 맞춘 단순 서비스 제공자가 아니라 기업(제품)과 고객유형에 따라 차별화되고 특화된 서비스를 제공하여 경쟁력 우위를 선점할 수 있도록 돕는 조력자이다.

저자는 서비스 코디네이터 양성을 위한 교육을 하며, 보다 전문화된 인적 자원을 양성해야겠다는 사명감을 갖게 되었다.

본서는 진정한 서비스 마인드와 서비스 스킬이 동반된 고객 만족 경영의 입문서이며, 향후 다양한 산업체 서비스 현장에서 필요로 하는 전문가가 되기 위해 매진하는 예비 서비스인에게 서비스 코디네이터로서의 길을 제공하는 안내서이다.

본서를 통해 기업과 고객이 원하는 프로 서비스 코디네이터들이 양성되고 경쟁력을 갖춘 스페셜리스트가 많이 배출되길 바란다. 스페셜리스트가 되는 길에 작은 지침서가 되었으면 하는 바람으로 이 책을 내게 되었다.

김민주

차례

Ⅱ. 고객만족 서비스 실무 53

Ⅲ. 서비스 경영 109

Specialist

서비스 코디네이터

I

서비스와 서비스 코디네이터의 이해

만약 당신이 고객에게 직접 서비스하는 일을 하고 있지 않다면, 당신의 직무는 고객에게 서비스하는 그 누군가에게 서비스를 하는 것이다.

– 잰 칼슨, 스칸디나비아 항공사 전 CEO –

Ⅰ

서비스와 서비스 코디네이터의 이해

제1절 서비스의 이해와 고객만족경영

1. 서비스의 이해

1) 서비스의 어원과 정의

'Service'의 어원은 라틴어 'Servant'(하인)에서 유래했다는 설이 가장 유력하게 전해지고 있다. 고객을 대하고 응대하는 서비스이기에 남의 시중을 드는 하인에서 유래한 듯하다.

그렇다고 서비스의 의미가 남의 시중을 드는 하찮은 것으로 여겨지는 것은 아니다. "인간이 할 수 있는 최고의 것은 봉사하는 것이다."라는 알베르트 슈바이처(Albert Schweitzer)의 말처럼 상대를 배려하고 응대해 주는 것이 서비스의 본질이라 본다.

서비스에 대한 견해를 보면,

- 자이다믈(Zeithmal)은 '서비스는 행위(Deeds), 과정(Process) 그리고 그 결과인 성과(Performances)이다'
- 미국마케팅학회(AMA : American Marketing Association)는 '서비스란 판매를 위해 제공되거나 연계되어져 제공되는 제 활동, 혹은 만족'
- 스탠턴 (W. J. Stanton)은 '서비스란 소비자나 이용자에게 판매될 경우에 욕망에 대한 만족을 가져오는 무형의 활동이며, 반드시 유형재나 타 서비스의 판매와 결부되지 않고 독립적으로 인식되는 것'
- 불루아(K. J. Blois)는 '한 재화의 형태에서 물리적 변화가 없이 편익과 만족을 낳는 판매에 제공되는 활동'

이라고 각각 정의하였다.

서비스는 단순 봉사나 시중을 드는 것이 아닌 서로가 이해하고 배려하는 마음에서 나오는 것이다. 상대가 마음을 다치지 않고 원하는 것을 이루게(사거나 취하거나)하는 것이 서비스이다.

크리스토퍼 (Christopher)는 서비스 분류를 거래 전(Before service), 거래(On service), 거래 후(After service)로 구분하였다. 미국 물류관리협의회(NCPDM : National Council of Physical Distribution Management)도 종합적인 고객 서비스에 관해 3단계로 설명한다.

고객 서비스의 3단계		
거래 전	거래 시	거래 후
• 명시된 회사의 정책 • 회사에 대한 고객의 평가 • 회사조직 • 시스템의 유연성 • 기술적 서비스	• 재고품질 수준 • 백오더(Back order)이용 가능성 • 시간 • 주문의 편리성 • 제품 대체성	• 설치, 보증, 변경, 수리, 부품 • 제품 추적 • 고객 클레임, 불만 • 제품 포장 • 수리 중 일시적인 제품 대체

■ 거래 전 사전 서비스(Before Service)

거래 전 서비스는 고객맞이 전 고객을 위한 준비 단계이다. 판매 가능성을 파악하고 촉진하는 예약 서비스 등이 있다. 거래 전 서비스는 고객들의 관심 유도로 기업의 이미지 전달이나 신뢰를 주어 서비스 단계로 들어가게 함으로 중요하다.

■ 거래 현장 서비스(On Service)

직접적으로 고객과 서비스 제공자 사이에 상호 거래가 이루어지는 본질적 부분이다. 한 번으로 끝나느냐 지속적으로 이어가느냐 하는 관계성을 만들어 가게 된다.
인적인 서비스가 중요한 단계이다.

■ 거래 후 사후 서비스(After Service)

고객 불만 사항이나 구매 후 불·만족 사항에 대한 관리를 해 주는 단계이다. 이 과정으로 고객의 기업에 대한 충성도가 좌우되기도 한다. 불만 사항을 만족 사항으로 전환시킬 시 단골 고객에서 충성 고객으로 진화되기도 하며 불만 사항이 해결되지 못하는 경우는 관계 청산뿐이 아닌 나쁜 소문의 전파를 만들어 내기도 해 기업에 타격을 주게 된다.
단골, 충성 고객으로 이어지게 하기 위하여 AS에 열의를 올리지만 앞서가는 기업은 불만 최소화를 위한 BS에 관심을 가지고 고객 지향적 서비스 발굴에 열의를 올리고 있다.

2) 서비스 분류

미 통계청의 분류에 의하면 다음의 다섯 가지로 서비스 분류를 하고 있다. 이것은 세계 각국에서 준용되고 있다.

■ 유통 서비스

물건이나 인적 이동을 담당하는 수송 서비스나 정보 이동을 담당하는 정보

통신 혹인 정보처리 산업을 제공하는 서비스

■ 도 · 소매업

제품의 상거래 관련 서비스로서 생산자와 소비자를 연결하여 장소적 혹은 시간적 편리성을 제공하는 서비스

■ 비영리 서비스

정부 및 공공 이익을 위한 비영리 기관이나 공익 단체처럼 사적인 이익을 추구하지 않는 조직이 제공하는 서비스

■ 생산자 서비스

재무, 보험, 부동산, 사업 서비스, 법률 및 기타 전문가 서비스로서 제조업이나 서비스업에 제공되는 중간적 성격의 서비스, 기업 내에서 제공될 경우 경상비로 분류되는 다양한 서비스와 한 기업의 산출물이 다시 다른 기업의 투입물로서 판매될 수 있는 서비스

■ 소비자 서비스

의료, 교육, 자동차 정비 및 기타 유지보수, 숙박, 레저, 그리고 민간가계를 포함하는 사회적, 개인적 서비스로서 생활의 질을 높이기 위해 개인에게 제공되는 서비스

3) 서비스의 특징

서비스는 제품과 비교할 때 어느 정도 또는 어떻게 다른가에 대해 학자들은 무형성, 이질성, 비분리성, 소멸성 4가지로 서비스에 대한 특성을 나타내었다.

(1) 무형성(Intangibility)

서비스는 실체(Object)가 아닌 수행(Performance)이기 때문에 소유할 수 있는 것이 아니라 경험을 통해 감각적 · 심리적으로 느껴야 하는 무형의 가치

이다. 유형적 제품과 달리 서비스를 구매하기 전에 보거나, 소리를 듣거나, 맛보거나, 냄새를 맡아볼 수 없다는 것이다.

즉 객관적으로 누구에게 보이는 형태로 제시할 수 없으며 물체처럼 만지거나 눈으로 볼 수 없어 그 가치를 파악하거나 평가하기 어렵다. 이런 특징을 반영하는 것이 법률, 의료서비스 등이다.

서비스의 무형성은

> 첫째, 실체를 보거나 만질 수 없다는 객관적 의미
> 둘째, 보거나 만질 수 없어서 그 서비스가 어떤 의미인가를 상상하기 어렵게 된다는 주관적인 의미를 지닌다.

(2) 이질성(Heterogeneity)

서비스는 누가, 언제, 어디서 제공하는가에 따라 달라질 수 있는 변화 가능성이 높다. 서비스의 생산 및 인도 과정에서는 여러 가변적 요소가 많아 한 고객에 대한 서비스가 다음 고객에 대한 서비스와 달라진다.

같은 서비스 업체에서도 종업원에 따라서 제공되는 서비스의 내용이나 질이 달라진다. 서비스는 고정적이며 동질적인 것이 아니고 변동적이어서 규격화, 표준화하기 어렵다. 경제적, 문화적 요인, 사회적 요인 등에 의해 서비스의 이질성이 발생하게 된다.

(3) 비분리성(Inseparability)

서비스는 생산과 소비가 동시에 일어난다. 서비스 제공자에 의해 제공되는 것과 동시에 고객에 의해 소비된다는 뜻이다. 제품은 생산과 소비가 분리되어 일단 생산하고 나서 판매되고 나중에 소비되지만, 서비스의 경우 생산과 동시에 소비되기 때문에 소비자가 서비스 공급에 참여해야 하는 경우가 많다. 비분리성에 대한 여러 문제점을 해결하기 위해서는 자질을 갖춘 사람을 뽑아 서비스에 대한 교육을 강화해야 한다.

(4) 소멸성(Perishability)

소멸성이란 서비스는 저장하거나 재판매할 수 없어 재고의 형태로 보관할 수 없다. 즉시 사용되지 않으면 소멸되는 것이다. 제품은 구매 후 그 상품의 물리적 형태가 존재하는 한 몇 회라도 반복하여 사용할 수 있지만 사용하지 않은 비행기나 식당의 좌석, 의사나 변호사의 시간 등은 재활용하거나 다시 판매할 수 없다. 서비스 소멸성을 해결하기 위해서는 수요와 공급 균형을 맞추어야 하며, 서비스가 잘못되었을 때 서비스 회복전략을 실시하여야 한다.

*** 서비스와 재화의 특성 비교**

제 품	서비스	관리적 의미
유형성 물건	무형성(Intangibility) 일련의 행위 또는 과정(Process)	• 서비스는 저장할 수 없다. • 서비스는 특허 낼 수 없다. • 서비스는 전시되거나 소통할 수 없다. • 서비스는 가격 책정이 어렵다.
동질성 유지 표준화 용이	다양함 이질성 (Heterogeneity)	• 서비스 제공과 고객만족은 직원과 고객의 행위에 따라 달리진다. • 서비스 품질은 많은 통제 불가능한 요인에 달렸다. • 제공된 서비스가 계획되거나 촉진된 것과 일치하는지를 확실히 알기 어렵다.
분리성	비분리성 (Inseparability)	• 서비스는 고객이 거래에 참여하거나 영향을 미친다. • 서비스는 고객이 서로에게 영향을 미친다. • 직원이 서비스 성과에 영향을 미친다. • 서비스는 분산화가 필수적이다. • 서비스는 대량생산이 어렵다.
재고, 보관 가능	소멸성 (Perishability)	• 서비스는 수요와 공급을 맞추기 어렵다. • 서비스는 반품되거나 재판매될 수 없다.

출처 : A. Parasuraman, V. A. Weithaml, L.L.Berry, A Conceptual Model of Service Quality and It's Implicatuon for Research, Journal of Marketing, p.49.

컨설턴트이자 미래학자인 칼 알브레이트(Karl Aibrecht)는 서비스 특성을 다음과 같이 말한다.

- 서비스는 제공하는 순간에 생산된다.
  사전에 만들어 놓을 수 없고 저장해 둘 수 없다
- 서비스는 한곳에서 생산, 검사, 비축, 저장을 할 수 있는 것이 아니다.
- 서비스는 미리 전시하거나 견본을 보여줄 수 없다.
- 서비스 받는 사람은 만질 수 있는 것은 아무것도 갖지 못한다.
  서비스 가치는 오로지 고객의 개인적 경험에 의존한다.
- 개인적 경험을 제3자에게 팔거나 넘겨줄 수 있는 것이 아니다.
- 서비스는 만약 부적절하게 제공되더라도 취소할 수 없다.
  보상이나 사과가 고객에게 할 수 있는 유일한 수단이다.
- 품질 보증은 서비스 제공 전에 되어 있어야지 제공 후에 보증이란 없다.
  이것은 상품 생산의 경우에도 마찬가지이다.
- 서비스 제공은 사람의 상호작용에 의해 이루어진다.
  구매자와 판매자가 개인적으로 접촉함으로써 서비스가 생산된다.
- 고객의 사전 기대에 의해 그 만족이 크게 좌우된다.
  서비스 품질은 아주 주관적이다.
- 고객에게 서비스가 제공되는 과정에서 관계하는 사람이 많으면 고객의 만족 가능성은 낮아진다.

4) 서비스 유형

■ 사람에 대한 유형적 서비스(People Processing)

- 신체를 대상으로 한 서비스로 물리적 접촉을 통한 서비스를 말한다.
- 고객 서비스 참여도가 가장 높다.
- 이 유형은 고객을 직접 응대하는 현장 직원의 업무능력과 태도로 달라진다.
  (예: 병원, 헬스클럽, 미장원 등)

■ 유형물에 대한 유형적 서비스(Possession Processing)

- 유형적 서비스 제공 한다는 것은 같으나 그 대상이 사람이 아닌 일반 재화나 고객의 소유물을 말한다.
- 고객과 대면하는 것은 아니다.
- 'Door-to-Door' 서비스가 일상화된다.
- 고객의 참여도는 적다.

  (예: 택배 발송, 시계 수리, 세탁물 보관 등)

■ 사람의 정신에 대한 무형적 서비스(Mental Stimulus Processing)

- 사람을 대상으로 하나 내용은 무형적 서비스이다.
- 고객은 정신적인 서비스로 받게 된다.

  (감성, 지성, 마인드 등 정신적 영역으로 영향을 받는다)
- 전문적인 서비스가 차지한다.
- 무형적 가치를 제공하는 일이기에 서비스의 질뿐만이 아닌 제공하는 행동이나 자세가 서비스 평가에 중요한 요소가 된다.

  (예: 연예, 오락, 교육, 예술 전시, 공연 등)

■ 무형자산에 대한 무형적 서비스(Information Processing)

- 고객이 보유한 돈, 기록, 데이터 등의 무형적 자산(Intangible Assets)을 대상으로 하는 서비스이다.
- 정보화 시대에 발전하는 서비스 부분이다.
- 서비스 내용이 무형적이라 대상은 사람이 아니다.
- 고객이 느끼는 실질적인 혜택이 매우 중요한 평가 요소이다.
- 직원의 훈련이 중요한 과제임과 동시에 전문성, 신뢰성에 기초한 이미지 관리가 가장 중요한 과제가 된다.

  (예: 회계, 세무, 법률, 은행, 보험, 증권 투자 등)

2. 고객만족경영

1980년대 후반부터 고객을 만족시켜야 이윤추구가 되고 기업이 생존할 수 있는 시대가 되어 고객 만족 경영이라는 개념이 본격적으로 대두되었다.

기업 경영은 고객에게 '만족'을 판매하는 데 기본을 두어야 하여야 고객을 잃지 않게 된다. 이런 추세로 CS 경영, 즉 고객 만족 경영(Customer Satisfaction Management)이 중요한 추세가 된 것이다. 피터 드러커(Peter Drucker)의 "비즈니스의 시작과 끝은 고객과 함께이다." 말처럼 고객이 기업 생명을 좌우하는 시대라는 것을 인지하고 대책 안을 강구하지 않으면 안 되는 것이다.

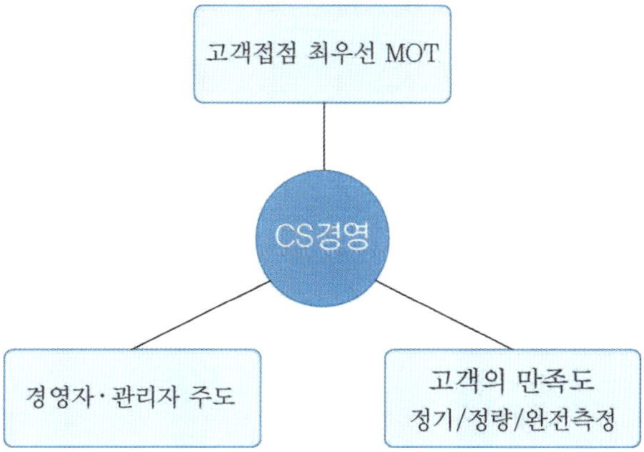

출처: 일본능률협회 CS경영 추진팀(1994)

일본 능률협회 자료를 보면 고객 접점 MOT(Moment Of Truth), 경영자, 고객 만족도가 이루어져야 고객 만족 경영을 이룬다고 한다. 고객 만족이 기업 생존을 좌우한다는 고객 만족 서비스 경쟁이 과열되면서 차별화로 경쟁 우위를 하려면 만족을 넘어 감동으로 이어져야 한다는 흐름이 되었다.

만족과 감동의 차이는 무엇일까.

느끼는 감정의 깊이라고 본다. 흔히 느끼는 만족은 그냥 만족으로 끝나 버리기도 하지만 감동은 가슴에 남아 여운을 남게 해 다시 찾게 되어 한번 거래가 아닌 지속적 거래와 관계가 된다. 만족이 아닌 감동으로 서비스 차별화를 만들어 가야 한다는 시대 흐름에 맞추어 마케팅도전통적인 믹스 요소인 4P (Product, Place, Price, Promotion)에서 4C(Customer, Cost, Communication, Convenience)로 변화를 했다.

'좋은 제품(Product)을 만들어 알맞은 가격(Price)을 산정하고 시장에 잘 유통(Place)시켜 잘 팔리게 촉진(Promotion)시키는 활동이다.'라는 전통적 정의에서 소비자의 욕구에 맞게(Consumer) 소비자의 기회비용(Cost)을 고려하여 소비자가 편리(Convenience)하게 구매할 수 있도록 소비자와 커뮤니케이션(Communication)하는 활동으로 바뀐 것이다.

*** 마케팅 패러다임의 변화**

패러다임	제품/기업 중심적	변화 →	고객 중심적
누가 왕인가?	기업		고객
마케팅 전략	매스 마케팅		일대일 마케팅
무엇을 점유?	시장		고객의 마음/경험/지갑
제품과 서비스?	표준화 마케팅		개인화/고객화 제품
가치	현재 기업가치		고객의 평생가치
지식기반	제품		고객의 경험/가치
무엇을 관리?	제품		고객의 경험/가치
고객경영 전략	획득(A)		개발/유지/공유
BSC 전략	100% 마켓, 10% 고객		100%고객, 10% 마켓
무엇을 판매?	제품		서비스

자료 : 차원용 외, 『솔루션 비즈니스 마케팅』

『리엔지니어링과 기업혁명』에서 마이클 해머 교수는 앞으로의 시대는 '3C (Change, Competition, Customer)의 시대'라고 했다.

첫째, Customer (고객만족)이다.

고객이 주도하는 시장이 형성되어 거래회사나 상품을 선택하는 시대가 되었다. 이는 기업이 그만큼 고객 확보에 어려운 시대가 되었고 기업의 경영마인드를 기업 중심에서 고객중심으로 패러다임을 바꾸어야 한다.

둘째, Change (끊임없는 혁신)이다.

국내 대기업의 모 회장은 "자식과 마누라를 빼고는 다 바꾸자"고 역설한 적이 있다. 변화의 시대에 변하지 않으면 살아남을 수 없다는 의미이다. 자신의 태도나 행동의 뿌리인 패러다임을 변화시킬 때 비로소 획기적인 개선이 가능하다. 그동안의 기업경영 논리에서 고객, 인간, 고객가치 창조 중심으로 변화되어야 한다.

셋째, Competition (글로벌 무한경쟁)이다.

글로벌 경쟁체제로 들어서면서 우리 사회의 모든 부문에서 경쟁은 심화되고 있으며 공급자 중심에서 수요자 중심으로 바뀌었고 고객의 힘은 막강해졌다.

마이클 해머 교수의 3C에서 보듯 고객 중심적 서비스 경영을 이루지 않으면 경쟁을 떠나 유지가 어렵고 도태될 수밖에 없다.

또한 「고객만족경영에 관한 연구(최계봉)」에서 보면 고객만족의 실천 과제로 다음과 같이 말하였다.

첫째, 최고경영자는 고객만족을 경영목표로 하는 경영 패러다임을 받아들이고 고객만족을 달성하기 위해 기업 내부 조직구성원과 함께 공유해야 한다.

둘째, 모든 조직 구성원의 적극적인 참여이다.

성공적인 고객만족경영은 모든 조직구성원의 적극적인 참여가 있어야 하며 고객만족 성과의 명확한 측정과 철저한 보상을 위한 평가시스템의 운영이 필요하다.

셋째, 고객만족 지향적 기업문화의 구축이다.

모든 구성원이 고객만족을 최우선 목표로 하여 고객만족경영 문화를 정착시켜야 한다.

넷째, 외부고객을 만족시키기 위해서는 먼저 내부고객의 만족이 선행되어야 한다.

다섯째, 고객만족도를 지수화하고 이를 통한 지속적인 개선활동이 가능하도록 고객만족 실현을 위한 고객정보관리체제 구축해야 한다.

여섯째, 고객만족경영을 위해서는 조직의 구조를 고객을 가장 중요시하는 역 피라미드 구조가 필요하다. 접점 종업원의 고객의 불만을 신속하게 해결할 수 있는 권한위임과 같은 업무 프로세스도 필요하다.

■ 고객 행동 영향요인

• 문화적 요인

문화(Culture)란 한 개인의 욕구와 행동을 결정하는 가장 기본적인 요소이며 태어나서 성장하면서 가족 및 다른 사회계층 및 집단으로부터 가치관, 선호성, 지각, 행동을 습득하고 학습한다.

• 사회적 유인

고객행동은 사회적 요인으로 준거집단, 가족, 사회적 역할과 지위에 영향을 받는다. 준거집단은 개인의 태도와 행동에 직접적 또는 간접적으로 영향을 미치며 가족, 친구, 이웃 및 동료와 1차적 집단과 종교 집단, 전문가 단체 등 2차 집단 등이 있다.

• 개인적 요인

고객의 구매 의사결정은 개인적 특성으로 라이프스타일, 연령, 직업, 경제적 상황, 개성, 가치관에 의해 영향을 받는다. 고객이 구입하는 제품 또는 서비스 기호도는 연령에 의해 식품, 의류, 가구, 오랑 등으로 변화한다. 또한 직업과 경제적 상황에 따라 고객의 소비 유형에 영향을 미친다.

제2절 고객만족의 구성요소

고객 만족을 위한 서비스에는 하드웨어, 소프트웨어, 휴먼웨어로 나누어 볼 수 있다.

하드웨어란 고객이 물리적으로 체험하는 요소로 기업의 이미지, 시스템, 브랜드 파워, 주차시설, 건물의 청결도, 매장의 분위기, 고객지원센터, 인테리어 등이다.

소프트웨어는 고객이 직접 접하는 것으로 기업의 상품, 서비스 프로그램, 서비스절차, 예약, 업무처리, 해피 콜, 부가서비스 체계 등이다.

휴먼웨어는 종업원의 응대 태도에 대한 만족도를 의미한다. 친절도, 용모, 태도, 의사소통, 신뢰성, 이미지 등이 있으며 기업에서 근무하고 있는 직원들이 가지는 서비스 마인드와 접객 서비스 행동, 매너, 조직문화 등이 휴먼웨어에 속한다. 이 세 요소가 적절히 조화를 이루어야 고객만족으로 이어질 수 있다.

업종에 따라 차이는 있지만 일반적으로 하드웨어, 소프트웨어 서비스로 나누어 고객 반응을 고려 해 서비스 방법과 시스템을 구축한다. 이런 경우는 휴먼웨어는 소프트웨어에 속하게 된다.

상품 (직접 요소)	상품의 하드적 가치	품질, 기능, 성능, 효율, 가격 훈련 프로그램과 광범위한 고객 데이터베이스를 포함하는 업무지원 시설 및 시스템 등 서비스 하부구조
	상품의 소프트적 가치	디자인, 컬러, 향기, 소리, 편의성, 사용설명서
서비스 (직접요소)	점포 내 분위기	호감도, 쾌적성
	판매원의 접객서비스	복장, 언행, 배려, 인사, 응답, 미소, 상품지식, 신속성
	애프터, 정보 서비스	상품의 애프터서비스, 라이프스타일제안, 정보제공 서비스
기업 이미지 (간접요소)	사회공헌활동	문화, 스포츠활동 지원, 지역주민 시설 개방, 복지 활동
	환경보호활동	리사이클링, 환경보호활동

하드웨어 > 소프트웨어 = 불만족
하드웨어 < 소프트웨어 = 불만족

이 된다. 어느 한쪽이 만족스러워도 다른 한쪽이 불만족 스러우면 평가 결과는 불만족으로 기울게 된다. 만족보다 불만족이 감정에 더 큰 영향을 주기 때문이다. 물론 아주 큰 감동을 받았다면 한쪽 불만족을 느낄 수 없게 되기도 한다. 하드웨어적 만족 = 소프트웨어적 만족이 되어야 불만 발생을 유발시키지 않는 것이다. 하드웨어에 강한 기업도 소프트웨어를 접목시키지 않으면 경쟁력을 가질 수 없고 반대로 소프트웨어가 강한 기업도 하드웨어 서비스에 무관심 할 수 없는 시대가 되었다.

영국계 파워 공급 장치 제조 회사인 스파이렉스 사코는 건물의 보일러실에 들어가는 설비를 제조, 설치하는 회사이다. 하드웨어를 파는 회사지만 소프트웨어를 같이 팔면서 시너지를 내었다. 설치만이 아닌 운영과 A/S에 더 많은 관심을 기울여 이익 창출이 되고 기업 가치도 높아진 사례이다.

정기적으로 고객들에게 유료이지만 열 공급 시스템, 메커니즘, 전기의 절약 노하우, 열 공급시스템의 미래 등에 대한 교육 과정을 실시했다. 돈을 내고 받는 교육이지만 설치한 건물주 입장에서는 안전과 관리 비용 절감 등을 할 수 있는 방안에 대한 교육은 호응을 얻을 수밖에 없다. 호응은 신뢰를 높이게 되어 영업으로 이어지게 되는 결과를 낳았고 회사 이윤 창출이 높아진 건 당연하다.

배달 서비스로 유명한 페덱스는 정보 기술 덕분에 성공을 하였다. 고객이 서비스를 요청한 시점부터 화물을 인도할 때까지의 물리적 처리 상황에 관한 정보를 처리하는 COSMOS(Customer Oriented Services and management operation system), 픽업에서 배달에 이르기까지 화물이나 서류의 위치를 컴퓨터로 추적해 회사와 고객에게 알려주는 Super tracker, 배달트럭에 부착된 컴퓨터를 통해 집배원과 통신을 할 수 있게 하고, 시간관리 및 루트선택을 정확하고 효율적으로 하게 한 DADS(digitally assisted dispatched system), 고객의 불만 사항 및 예외요청을 처리하는 고객예외 처리시스템(CERPS: Customer Exceptional Request Processing system) 등이 그것이다. 이런 노하우를 바탕으로 페덱스는 단순 배달을 하는 회사에서 기업의 물류 문제를 자문하는 컨설팅 분야까지 업무를 확대하여 하드웨어 회사에서 소프트웨어 회사로 진화를 하여 시너지를 내었다.

컴퓨터로 유명한 IBM도 컴퓨터를 파는 하드웨어 업체에서 소프트웨어를 가미하기 위해 PWC(Price Waterhouse and Coopers)란 컨설팅 회사 인수하여 하드웨어와 소프트웨어를 겸비하여 시너지를 올렸다.

'하드웨어와 소프트웨어는 자동차의 양쪽 바퀴와 같다'는 소니 화사의 전 회장 오가 노리오의 말처럼 하드웨어와 소프트웨어 역시 분리해서 생각할 수 없고 조화를 이룰 때 시너지를 이루게 된다.

제3절 고객의 이해와 고객관계관리(CRM)

1. 고객의 이해

1) 고객이란?

고객(Customer)이란 기업의 상품을 구매하는 소비자, 기업과 직·간접적으로 거래하며 관계를 맺는 외부 고객과 기업 내서 함께 일을 하는 내부적 고객으로 나눌 수 있다. 자신 이외의 모든 사람을 고객이라 정의 할 수 있다.

한자로 보면 '고객(顧客)'인데 서비스에 따라 외로운 나그네라는 '고객(孤客)'과 귀찮은 손님이라는'고객(苦客)'이라는 한자로 풀이된다는 재미있는 말도 있는데 어떻게 해야 '고객(顧客) 서비스'가 되는지 답을 만들어 가야 한다.

2) 시대적 변화 관점으로 본 고객

시대가 변화함에 따라 고객의 개념은 변화하였고 고객은 '왕'이라는 개념을 벗어나 고객과 동반자라는 입장으로 바뀌어 가고 있다. 고객뿐만 아니라 서비스 제공자들도 똑같이 존중받는 존재로 인식되어지며 기업에서도 서비스 종사자에게 권한을 부여하며 행복한 일터가 되기 위한 노력을 하고 있다.

3) 경제적 관점으로 본 고객

경제적 관점에서 고객은 수요가 공급보다 많은 경우 수요와 공급이 같은 경우 그리고 수요보다 공급이 많은 경우에 따라 서비스 이념은 변화하였으며 아래 표에서 제시하였다.

* 경제적 관점으로 본 고객의 개념

경제적 관념	고객의 개념	고객의 개성	서비스 이념
수요 > 공급	고객은 봉	10인 1색	강압 서비스
수요 = 공급	고객은 소비자	10인 10색	평범 서비스
수요 < 공급	고객은 왕	1인 10색	고객만족 서비스
수요 < 공급	내부고객과 외부고객의 반응	1인 100색	고객감동 서비스

2. 고객의 분류

고객은 협의의 고객과 광의의 고객으로 분류되며 협의의 고객은 기업에서 사용하는 일반적인 고객의 개념으로 제품과 서비스를 제공받은 최종 소비자를 말하며 광의의 개념은 대리점, 거래처, 소비자 등을 합하여 외부고객 그리고 내부업무를 처리하는 내부고객으로 분류한다.

1) 내부고객과 외부고객

외부 고객이란 우리들이 일반적으로 말하는 고객으로 서비스 제공자나 제품을 생산하는 기업의 종사자가 아닌 제품과 서비스를 구매하는 사람을 말한다.

내부 고객이란 기업 내 모든 직원들을 고객의 범주의 포함시키는 것으로 제품을 생산하여 제공하는 업자 그리고 세일즈맨 등 가치를 창출하는 직원들이 해당된다.

2) 참여 관점으로 본 고객 분류

고객 참여 관점에 따른 분류를 살펴보면

- 직접고객 (1차 고객) : 제공자로부터 제품 또는 서비스를 구입하는 사람
- 간접고객 (개인 또는 집단) : 최종소비자 또는 2차 소비자로 자동차를 살 경우 최종 소비자는 일반인이 되지만 자동차 영업사원이 공급하여 판매할 때에는 자동차 구매자는 간접 고객
- 공급자 : 제품과 서비스를 제공하면서 반대급부로 돈을 지급받는 행위가 수반되므로 고객
- 내부고객 : 회사 내부의 종업원으로서 조직과의 관계에서는 고객이 되며, 주주나 종업원의 가족도 내부 고객
- 의사결정 고객 : 직접적으로 제품이나 서비스를 구입하거나 돈을 지불하지는 않지만, 1차 고객이 선택하는 데 커다란 영향을 미치는 개인 또는 집단
- 의견 선도 고객 : 제품이나 서비스를 구매하기보다는 평판, 심사, 모니터링 등에 영향을 미치는 집단으로 소비자 보호단체, 기자, 평론가, 전문가 등
- 법률 규제자 : 소비자 보호나 관련 조직의 운영에 적용되는 법률을 만드는 의회나 정부
- 경쟁자 : 전략이나 고객관리 등에 중요한 인식을 심어주는 고객
- 단골고객 : 자사의 제품이나 서비스를 반복적, 지속적으로 이용하는 고객
- 옹호고객 : 단골고객의 성향을 포함함은 물론 다른 사람까지 추천하는 적극성을 띤 고객
- 한계고객 : 디 마케팅 대상이 되는 고객으로 자사의 이익 실현에 마이너스를 초래하는 고객으로 고객 명단에서 제외하거나 해약 유도를 통해 고객의 활동이나 가치를 중지할 수 있다.

3) 그레고리 스톤(Gregory Stone, 1945)의 고객 분류

그레고리 스톤은 고객을 경제적 고객, 윤리적 고객, 개인적 고객, 편의적 고객 네 가지로 분류하였다.

- 경제적 고객
  고객 가치를 극대화하려는 고객으로 자신이 투자한 시간, 돈, 노력에 대해 최대의 효용을 얻으려는 고객이다. 경쟁 기업에 대한 정보가 많아 까다롭고 꼼꼼한 편이다. 이런 유형의 고객을 잃는 것은 경고 신호로 받아들여야 할 것이다.

- 윤리적 고객
  기업이나 서비스 맨의 윤리적인 행동에 큰 비중을 두는 고객이다. 이런 고객을 유치하기 위해서는 기업의 사회적 이미지가 깨끗하고 윤리적이어야 한다.

- 개인적 고객
  개인 간의 교류를 선호하는 고객이다. 형식적인 서비스보다는 자기를 인정하는 서비스를 선호하는 경향이 강하다.

- 편의적 고객
  서비스를 받는 데 있어서 편의성을 중시하는 고객으로 편의를 위해서라면 추가 비용을 지불할 수 있는 고객이다. 예를 들면 추가로 비용을 지불하더라도 백화점의 배달 서비스나 선물용으로 포장해서 발송해 주는 서비스를 선호하는 것을 의미 한다.

3. 고객 의식 변화

심리학자 매슬로(A.Maslow)는 인간의 욕구를 생리적 욕구(Physiological Needs), 안전욕구(Safety Needs), 사회적 욕구(Social Needs), 존경 욕구(Ego

Needs), 자아실현 욕구(Self-Actualization Needs)의 단계로 설명한다. 기본 단계가 만족해야 다음 단계로 넘어 간다는 것이다. 서비스 포화 상태인 현 시대에는 자아실현에 대한 욕구 만족에 대한 연구와 고민을 해야 한다.

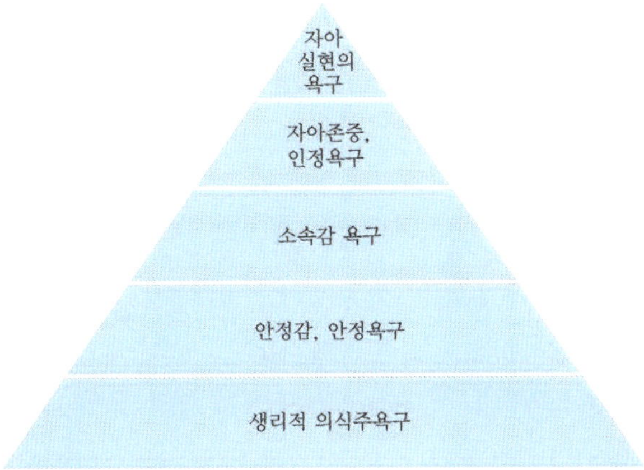

- 서비스에 대한 가치 기준 변화
  서비스는 단순 인사나 스마일이 아니라고 생각한다.

- 정보 통신 발달로 제품과 서비스에 대한 비교, 분석이 빠르다.
  빠른 정보 공유로 비교, 분석이 빠른 시대이므로 기업은 당연히 진취적이어야 한다고 요구 한다.

- 경제적 발달로 욕구와 요구가 높아진 것은 당연하다고 생각한다.

서비스가 시대에 따라 변화하듯 그 변화에 발맞추어 고객의 의식도 달라진다. 90년대 후반부터 공무원 서비스가 대두된 것도 그런 이유이다. 공무원들도 친절해야 한다는 시대 흐름에 부흥한 것은 서비스라는 단어가 외식, 유통에만 국한되는 것이 아니라는 고객의 의식 변화에 따른 것이다.

4. 고객의 심리

서비스 담당자는 고객의 심리를 파악하여 고객의 마음을 읽고 고객의 입장에서 서비스를 하는 것이 중요하다. 고객 마다 개개인이 가지고 있는 심리는 다양함으로 고객 등의 특징을 잘 관찰하여 고객에게 맞는 응대방법을 개발해야 하며 고객의 입장에서 생각하고 행동함으로써 고객만족과 차별화된 서비스를 제공할 수 있다.

- 환영받고 싶은 심리
  고객은 항상 밝은 미소로 환영받기를 원하며 점포를 찾아갔을 때 언제나 왕처럼 대접해 주길 바라는 심리를 가지고 있다.

- 보상받고 싶은 심리
  고객은 제품을 산만큼 서비스를 받기를 원하며 다른 고객과 비교하여 조금이라도 손해보고 싶지 않은 심리를 가지고 있으므로 특정 고객에게 서비스를 제공하였을 경우 주변 고객을 더욱 신경 써야한다.

- 독점하고 싶은 심리
  고객은 모든 서비스를 누리고 독점하고 싶은 심리를 가지고 있으므로 모든 고객에게 공평하게 서비스를 제공하여 고객의 불만을 야기 시키지 말아야 한다.

- 우월한 심리
  고객은 서비스를 제공하는 직원보다 우월하다는 심리를 가지고 있으므로 서비스를 제공하는 담당자는 고객을 인정하고 자신을 낮추는 자세가 필요하다.

- 자기중심적 심리
  고객은 고객 각자의 기준을 가지고 항상 자신의 생각을 위주로 판단하고 평가하는 심리를 가지고 있으므로 고객의 입장에 서서 생각하고 응대해야 한다.

5. 충성고객 발굴

고객은 크게 잠재고객, 신규고객, 단골고객, 충성고객으로 나누어 볼 수 있다.

■ 잠재고객

잠재적으로 고객이 될 가망과 가능이 있는 고객을 말한다. 이탈한 고객도 잠재적 고객으로 볼 수 있는데 많은 기업들은 신규 고객 확보에 열의를 쏟으면서 기업을 알고 한번이라도 경험 해 본 고객들을 실제 고객으로 유치하는데 소홀히 한다. 한번이라도 경험 해본 이탈고객이 신규고객보다 고정고객으로 이어질 확률이 높다. 신규 고객을 확보하는데 드는 시간과 비용이 기존 고객(고정 고객, 이탈고객, 기업을 알고 있는 고객)을 확보해 고객층으로 확보하는 것보다 5배 이상 소모된다고 한다. 이런 조사발표를 보면 전혀 기업을 알지 못하는 고객보다 기업을 알고 있는 고객들을 고객화 하는 것이 효과적이라는 것이다.
동행힌 고객, 이탈한 고객은 기업(병원, 매장)을 경험해 보고 본 고객이다. 이런 가망성이 높은 잠재 고객을 고정 고객으로 이어지게 하는 것이 가장 큰 효과적 마케팅이라 생각한다.

■ 신규 고객

회사에 이윤을 주지 않고 단지 상담만 하는 고객도 신규 고객으로 보아야 한다. 새롭게 등록된 고객이 신규고객이라 생각한다면 상담만 한 고객은 그것으로 기업과 인연을 다하게 되는 것이다. 이윤 추구에 도움이 되지 않은 기업을 아는 모든 고객들을 신규 고객으로 생각해야 한다.

■ 단골 고객(기존 고객)

기존 고객 중에 단골 고객이 포함되는데 단골 고객(자주 찾는 고객)이 많을수록 고객 확보와 경쟁력을 갖게 되는 건 당연하다. 단골 고객은 기업(병원, 매장)에 충성화할 수 있는 확률이 높지만 그저 간혹 이용하는 고객은 이탈 고객이 될 수도 있다는 가정을 염두에 두어야 한다.

요즘 통신사들의 서비스 경쟁으로 이탈 고객들이 많은 것을 예로 보자. 몇 년을 이용하던 통신사를 위약금이 사라질 시기가 되면 타 통신사로 이동을 일삼기도 한다. 이탈 한 고객이 다시 돌아 올 시기는 몇 년이 걸리게 된다. 몇 년간의 고객 이탈을 막기 위해 어떤 서비스를 해야 하는지에 대한 정확한 판단으로 개선책을 내어야 한다.

통신사든 화장품매장이든 포인트 제도로 고객들의 이탈을 막으려 하지만 고객 입장에서는 편리와 이득이 가는 곳에 눈을 돌리게 된다. 아주 만족스러운 무엇이 없다면 말이다. 신규 고객 확보보다 기존 고객들이 이탈하지 않고 단골에서 충성으로 이어지게 하는 것이 고객 확보 경쟁우위에 서는 것이다.

■ 충성 고객

충성 고객이 되는 이유를 보면

- 편리하고 편안해서
- 제품 품질이 좋으면서 가격 경쟁력이 있어서
- 포인트, 마일리지, 할인 쿠폰 등 인센티브제가 마음에 들고 활용하기 위해
- 상품이나 서비스가 독과점적이라 선택 여지가 없어서

등이 있다. 하지만 현재 충성 고객이라 할지라도 방심해서는 안 된다. 독점적이거나 가족의 회사가 아니라면 고객이라는 이름을 가진 사람의 마음은 움직일 수 있다는 것을 잊어서는 안 된다.

충성 고객의 이탈은 기업(병원, 매장 등)에 막대한 영향을 끼치게 되기도 한다. 특히 구매 빈도나 금액이 높은 고객의 이탈은 더 말할 나위가 없다. 충성 고객이라고 방심하다가는 고객의 이름의 무서움을 보여주게 된다는 것이다.

충성 고객이 많을수록 경쟁력을 갖게 되는 것은 매출만이 아니다. 이 충성

고객 중 구전 마케팅을 하는 고객이 많다면 이 고객들로 인해 신규 고객 확보를 위한 마케팅 비용 절감까지 하게 되는 것이다.

■ 기존 고객을 충성 고객으로 만들고 고객들의 이탈을 막기 위해서는

- 경쟁업체의 서비스에 관심을 가져야 한다.
  고객의 환심을 사기 위해 서비스 경쟁을 하는 시대이다. 경쟁업체들이 어떤 서비스를 하는지에 대해 세심한 관찰을 하고 자사 서비스와 비교, 분석 해 보아야 한다.
- 고객들의 마음에 작은 불만이 없는지에 대한 관찰을 소홀히 하지 않아야 한다.
  기존 고객이나 충성 고객은 불만을 토로해 고객에 대한 대우가 소홀해질까 하는 우려에 불만을 담고 있을 수도 있다. 그런 불만들을 놓치지 않도록 해야 한다.
- 충성 고객과 기존 고객과의 차별화된 서비스를 해야 한다.
  일반 고객과 같은 대우를 받는다면 충성 고객 입장에서는 불만이 생길 수도 있다. 충성 고객에 대한 차별화된 서비스는 특별한 고객이 되었다는 생각을 갖게 되고 충성도가 높아지게할 것이다.

6. 고객관계관리(CRM)

1) 고객관계관리(CRM)란 무엇인가?

CRM(Customer relationship management)은 고객 관계 관리로 기업이 고객 관계를 관리해 나가기 위한 방법이나 소프트웨어 등을 가리키는 말이다. 현재 고객과 잠재 고객에 대한 정보를 분석하고 마케팅 정보로 활용하며 고객 구매 관련 행동을 파악하여 마케팅 활동을 하는 경영 기법을 의미한다. CRM은 '고객과 관계를 어떻게 형성해 나갈 것인가', '고객들의 욕구와 요구는 무엇인가' 의 답을 찾고 접목해 나가는 것이다. CRM의 특징은 신규고객

창출보다 기존고객 관리에 더 중점을 둔다. 오프라인, 온라인상의 고객과 고객성향을 분석해 고객만족을 극대화해야 한다.

2) 고객관계관리(CRM)등장배경

CRM이 등장하게 된 배경을 살펴보게 되면 첫 번째 기업중심의 시장에서 고객 중심으로 시장이 변화하면서 인터넷이라는 새로운 마케팅 시장이 형성되어 유통채널이 다양하게 변화하였다. 이에 사이버 공간에서 고객과 접촉하고 상품을 다각화하여 판매하고 고객을 관리, 유지할 수 있는 방법의 변화가 필요하게 되었다.

두 번째 기업이 고객에게 지속적으로 차별화된 가치를 제공함으로써 기업이나 해당 제품에 충성심을 갖게하여 지속적으로 구매할 수 있도록 하는 것인데 무조건 가격경쟁으로 싸게만 판매하는 것이 아니라 비싸지만 차별화된 서비스를 제공받을 수 있고 상품이 월등하게 좋다면 고객 충성도는 변화하는 시대로 변화하였다.

세 번째 과거의 정형화된 생활방식에서 21세기에는 다소 복잡하고 다양해진 개인의 생활방식에 맞는 맞춤 마케팅이 필요하게 된 것이다.

네 번째 정보통신 기술의 변화로 엄청나게 많은 고객 거래 자료를 데이터웨어 하우스에 자동적으로 저장, 관리할 수 있게 되었다.

• 고객관리의 변화(CS → DBM → CRM)

	판매 1970년대	고객만족 1980년대	데이터베이스마케팅 1990년대	CRM 90년대 후반
對 고객 관점	수동적 구매자	선택적 구매자	개성화·다양화된 구매자	능동적 파트너
고객과의 관계	전체 시장에 일방적 공급	고객만족도(CSI) 측정 일방적 관계	그룹화된 고객과의 일방적 관계	개별 고객과 쌍방향 의사소통
고객관리	단순 영업 위주	영업과 판매 위주 서비스	IT 기술팀 위주	마케팅 주도 전사적 관리

자료 : 삼성경제연구소, 인터넷 시대의 고객관리

3) 고객관계관리(CRM)의 원리와 기대효과

마케팅 작가이자 창업전문가인 세스 고딘(Seth Godin)은 '마케팅의 패러다임이 시장점유율(Market Share)의 확대보다는 기존 고객으로부터 새로운 수요를 창출하는 고객 점유율(Share of Customer)의 확대에 있다'고 하였다. 이는 돈 페퍼(Don Peppers)와 마르타 로저(Martha Rogers)의 일대일 마케팅이론과 차이를 보이는 것으로 새로운 고객을 찾아내는 것보다 기존의 고객을 유지하는 것이 훨씬 더 경제적이라는 것이다.

돈 페퍼와 마르타 로저는 일대일 마케팅 이론을 CRM마케팅에 적용하여 다음과 말한다.

하나, 자사의 예상 잠재 고객을 확인, 규명해야 한다. 모든 고객을 추구하지 말고, 모든 채널과 고객 접촉점에서 나온 정보로 고객 데이터베이스를 구축, 유지, 조사하여 분석한다.

둘, 고객 욕구 및 자사의 고객 가치 조건에서 고객을 차별화해야 한다. 가장 가치 있는 고객에게 더 많은 집중을 한다.

셋, 고객들의 개별 욕구에 대한 자사의 지식을 향상시키기 위해 고객과 상호작용 해야 한다.

넷, 각 고객에 대해 제품 또는 서비스 및 메시지를 고객별화 해야 한다. 기업의 접촉 채널을 통해 고객과 기업이 원활한 상호작용을 할 수 있도록 한다.

CRM은 고객에 대한 정보를 수집하고 수집된 정보를 효과적으로 활용하는 것이다.

'신규 고객 획득 → 우수 고객 유지 → 고객 가치 증진 → 잠재 고객 발굴 및 활성화 → 평생 고객화'와 같은 사이클을 통하여 고객을 적극적으로 관리, 유지하여 고객 가치를 극대화시키기 위한 기업 마케팅 전략의 일환이다.

CRM의 기대효과는 이탈 고객 발생원인 파악, 상품의 연계 판매 기회 마련, 영업 극대화, 가망(잠재)고객 발굴, 고객 세분화에 의한 고객 대응 차별화, 고객 세분화에 따른 대응, 영업력 및 생산성 향상 등을 들 수 있다. 성공적 CRM을 위해서는 고객 중심으로 업무방식 전환, 시장의 변화에 대한 대응, 마케팅의 과학적인 전략을 위한 신 개념의 마케팅 전략을 해야 한다.

4) 고객관계관리(CRM)을 통한 기업과 고객의 편익

(1) 기업이 얻는 편익

CRM을 통해 기업은 재무성과 향상 및 고객 이탈률을 감소시켜 비용측면에서 이익을 얻을 수 있다 한 연구에 따르면 신규고객을 유치할 때와 기존고객을 유지하는 비용을 확인한 결과 신규고객 유치비용이 기존고객 유지비용보다 5배 이상 비용이 사용되어 진다는 것을 확인하였다.

기업은 CRM을 통해서 기업의 이윤 증가뿐만 아니라 고객유지 비용이 감소하고 매출액이 증가하는 현상이 발생하며 고객생애 가치 또한 증대된다.

(2) 고객이 얻는 편익

고객은 CRM을 통해 장기적인 관계를 유지함으로써 할인 및 이벤트성 무상제품을 제공받을 수 있으며 비금전적으로는 고객관리에 따른 의사결정의 시간을 절약하는 편익을 얻을 수 있다.

사회적으로는 서비스 직원과의 친밀함을 유지하여 개인적으로 고객을 인지하여 편리한 서비스를 제공받을 수 있으며 심리적으로도 편안함을 느낄 수가 있다.

개별화된 특별서비스 또한 CRM을 통해 얻을 수 있는 이익으로 고객에 취향과 니즈에 맞는 서비스를 제공받을 수 있다.

* CRM을 통한 기업과 고객의 편익

기업의 편익	고객의 편익				
재무성과의 향상	경제적 편익		사회적 편익		
	금전적 편익	비금전적 편익	사회적 편익	심리적 편익	고객화 편익
- 수익증가 - 비용 감소 - 매출액 증대 - 고객생애가치증대	- 할인 - 추가제공 - 무상제공	- 의사결정 효율성 증대 - 시간절약	- 서비스 직원과 친밀함 - 개인적 인지	- 구매위험 감소 - 편안함	- 맞춤 서비스 - 특별관심 - 특별 서비스

이학식 · 임지훈, 마케팅, 집현재, 2010, p.330.

(3) 고객과 코디네이터의 관계

- 기업(병원, 소속 회사)과 고객의 중간 역할자
- 고객의 입장과 불편 사항에 대해 응대와 관리를 하며 기업과 조율해 주는 관계
- 자주 찾는 고객도 '고객'이므로 공과 사를 구별해야 하는 관계

- 고객과 지속적 관계를 만들기 위해서는
  - ☞ 신뢰 구축을 해야 한다. 불신은 관계 청산으로 이어진다.
  - ☞ 고객의 개인적 사항에 대한 비밀 유지를 해 주어야 한다. (특히 병원 코디네이터인 경우는 더 중요한 사항이다.)
  - ☞ 고객 입장을 이해하고 기업과 중간 역할을 수행해 주어야 한다.
  - ☞ 친밀한 관계라도 방문한 고객은 고객으로 응대 해 주는 매너가 필요하다.
  - ☞ 차별된 서비스를 받지 않도록 해야 한다.
  - ☞ 작은 불만에도 귀를 기울이고 신속히 불만을 해소시켜 주어야 한다.
  - ☞ 고객의 관심 사항에 대해 기억해 주는 편안한 시비스를 제공해야 한다.
  - ☞ 고객 유형을 이해하고 정확한 파악을 통해 맞춤형 서비스를 한다.
  - ☞ 고객 관리(온/오프라인)를 통해 관계 유지를 한다.

- 관계 유지를 위한 고객 관리 시 유의 사항
  - ☞ 고객이 아닌 사적인 관계처럼 보이는 언행을 해서는 안 된다.
  - ☞ 매너는 기본이지만 과하게 표현하는 정중함은 소통과 관계 단절을 만들게 된다.
  - ☞ 고객에게 보내는 정보 문자는 시간대를 고려해야 한다.
  - ☞ 고객에게 보내는 문자내용이 사적인 인상을 주지 않도록 해야 한다.
  - ☞ 동행한 사람 앞에서 고객이 불편할 것 같은 사항에 대해 조심성을 가져야 한다.
  - ☞ 호객 행위를 하는 듯한 인상을 주지 않도록 한다.

Service Coordinator

제4절 서비스 품질

1. 서비스 품질의 중요성

서비스 품질은 "특정 서비스의 우수성에 관한 개인의 전반적 판단 혹은 태도(Parasuraman, Zeithaml and Berry, 1988)라고 정의하였고 소비자들이 지각한 서비스 품질이란 서비스 기업이 제공해야만 한다고 느끼는 소비자의 기대와 제공한 서비스 기업의 성과에 대한 소비자들의 지각의 차이라고 정의하였다.

기업이나 서비스 맨의 입장이 아닌 고객 입장에서 느끼고 판단하는 결과로 서비스 품질이 결정하게 된다. 고객기대 심리는 소비자가 과거에 받았던 서비스 보다 더 품질이 좋고 수준이 높아야 된다는 기대를 가지고 있으며 치열한 경쟁을 하고 있는 서비스 산업에서 이런 고객의 기대는 점차 커지고 있다.

서비스 산업이 품질경영에 중점을 두는 가장 큰 요인은 시장점유율을 도모하고 시장매출을 높이기 위한 것으로 그 방법은서비스 품질을 향상 시키는 것이다.

동일한 상품의 경쟁 및 시장매출이 정체되기 시작하면 고객들은 고품질 서비스를 제공하는 기업에 대한 기대가 커지고 기업은 신규시장을 획득하기보다 경쟁사의 시장을 자사의 시장으로 확보하기 위해 품질경쟁의 국면에 접어들게 된다.

■ 차별화가 있어야 한다.

병원 갈 때와 백화점 갈 때의 고객 심리는 다르고 도시와 지방의 고객 심리나 의식도 다르므로 업종이나 지역에 따른 차별적 서비스가 이루어져야 한다. 정중한 태도도 고객 입장에서 불편함을 느낀다면 불만족으로 이어지는 건 당연하다. 업종, 지역, 고객에 따른 차별적 서비스를 해야 한다.

■ 서비스를 강요하지 말아야 한다.

고객 입장에서 생각한다지만 시스템이나 서비스가 고객 입장에서 불편하고 불합리하다 느낀다면 강요적 서비스로 전락하게 된다. 고객 입장에서 시스템이나 서비스가 이루어진다고 느끼고 만족스럽게 받아들여져야 고객만족으로 이어지는 것이다.

■ 벤치마킹도 자신의 몸에 맞게 해야 한다.

서비스 성공 사례가 모두 적용되고 성공으로 만들어지는 것이 아니다. 좋은 것을 벤치마킹해도 업종이나 지역, 고객에 맞게 수정 보완해 특화를 이루어야 한다.

2. 서비스 품질의 5가지 차원

서비스품질(SERVQUAL ; Service Quality)은 1985년 최초로 개발되었고 1988년 Parasuraman, Zeithaml and Berry가 5개로 정리하였다. 이 5가지는 영문 첫 글자를 모아 'RATER'이라고 말한다. 기업의 특성, 제품, 고객 유형, 지역 등에 따라 'RATER'를 접목시킨다면 서비스 차별화와 특성을 이룰 수 있을 것이다.

1) 신뢰성(reliability) 약속한 서비스의 수행 능력

약속한 서비스를 정확하게 제공하는 능력을 신뢰성으로 정의되며 다섯 가지 차원 중에서 가장 중요한 요소이다. 신뢰성이란 기업이 고객에게 제공하는 서비스제공, 딜리버리, 문제해결, 가격책정, 사전 및 사후 제공 서비스에 대해 제대로 제공하는 것을 말하며 고객은 약속을 이행하는 기업과 거래를 원하며 고객과의 분쟁의 대다수는 기업이 제공하는 서비스 시스템의 실패 및 이를 해결하려는 기업의 후속조치 등의 미비로 발생한다.

2) 반응성(responsiveness):고객 욕구에 대한 신속한 반응

고객은 자신의 요구에 빠르게 반응하여 신속한 서비스를 제공할 때 만족을 느끼며 자신의 요구, 질문, 불만, 문제 등을 처리할 때 즉각 반응하여 처리하는 신속성을 중요하게 여긴다.

3) 확신성(assurance)고객이 안심하고 이용할 수 있는 능력

확신성은 은행, 증권사, 법률, 의료, 회계 등의 전문서비스 직종에서 확신성이 더욱 요구되며 고객이 기업 및 컨설턴트와 관계를 형성할 경우 서비스 직원의 지식 및 예절 그리고 신뢰할 수 있는 능력을 가지고 있어야 한다. 금융권의 PB(private banker)는 특히 확신성을 줄 수 있는 능력과 다방면의 지식을 가지고 있어야 고객과의 관계를 형성할 수 있다.

4) 공감성(empathy)회사가 고객에게 제공하는 개인적 요구에 대한 개별적 관심과 배려

고객은 서비스를 제공하는 기업이 자신을 특별하다고 느낄 수 있도록 서비스 해주길 원한다.

공감성은 고객에 대해 관심을 가지고 개별적인 욕구 및 기호까지 알아 고객을 응대하며 친절한 서비스와 환대를 보여주는 것이다.

5) 유형성(tangibies)서비스의 물적 증거

서비스 기업의 물리적 시설(건물, 인테리어, 비품, 가구 등) 및 종업원의 용모, 복장, 태도 그리고 서비스 이용에 사용되는 각종시설(홈페이지, 홍보물, 명함 등)등의 서비스의 물적 증거를 말하며 고객에게 첫인상을 결정짓게 되는 요소로 서비스의 수준과 능력을 평가할 수 있는 수단이다.

서비스품질의 10가지 요소	servqual의 5가지 요소	servqual 차원의 정의
유형성	유형성	물리적 시설이나 장비의 외양 및 직원 복장
신뢰성	신뢰성	약속한 서비스의 수행 능력
반응성	반응성	고객을 응대하고 신속한 서비스를 제공하려는 자세와 고객 욕구에 대한 반응정도
능력	확신성	직원의 지식과 예절 및 신뢰감 확신을 불러 오는 능력
예절		
신용성		
안전성		
접근성	공감성	회사가 고객에게 제공하는 개인적 요구에 대한 개별적 관심과 배려
커뮤니케이션		
고객이해		

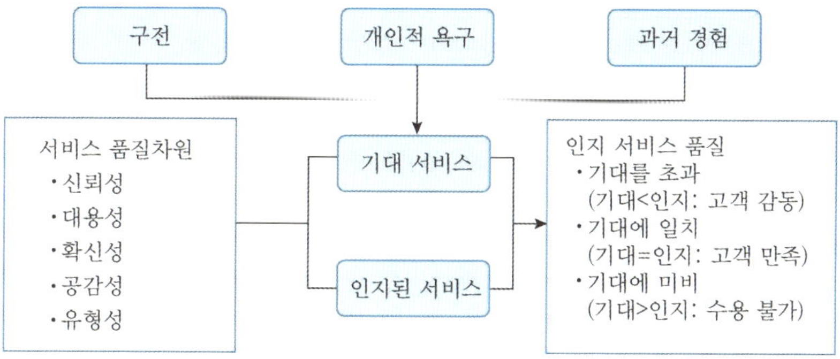

자료: Parasuraman, A., V. A. Zeitharml and L. L. Berry(1985)

■ 서비스 품질을 저해하는 위험 요인

- 기업 입장에서 서비스 매뉴얼을 만들고 수행 한다.
- 고객에 따라 느끼는 서비스가 다름에도 불구하고 일괄적이고 표준화된 서비스를 제공한다.
- 기존 고객보다 신규 고객 확보가 더 중요하다고 생각하며 신규 고객 유치를 위해 열의를 쏟는다.

- 직접 고객을 응대하는 직원만이 서비스를 하면 된다고 본다.
- 관리자는 직원 교육과 시스템 구축에만 신경을 쓰면 된다.
- 불만 고객을 만족시키는 것 보다 우호적인 고객에게 신경을 더 쓰는 것이 효과적이다.

위의 사항은 서비스 품질을 떨어뜨리는 실수를 범하게 하는 요소이다. 불만이 나올 수 있는 사항들을 사전에 점검하여 개선 보완하여야 하는 건 당연하다. 위의 사항은 고압적이며 강요적인 서비스 전달로 품질 저하와 고객 이탈을 낳게 한다는 것을 잊지 말자.

* 서비스 품질 평가 사례

업종	신뢰성	반응성	보장성	공감성	유형성
항공사	정시 출발 및 도착	발매, 수하물, 탑승에 대한 신속한 대응	안전기록, 유능한 승무원	고객의 특별한 요구에 대한 이해	항공기 자체 발매 카운터, 유니폼 및 용모
호텔	예약 및 주문에 대한 이행	요구사항에 대한 신속한 응대	안전한 객실, 맛있는 음식	고객의 특별한 요구에 대한 이해	호텔외관, 실내 인테리어, 유니폼 및 용모, 기물
병원	예약의 이행, 정확한 진찰	무대기, 환자의 질문에 대한 응대	의료 기술, 평판, 지식	한 인간으로서 환자의 이해	검사실, 의료장비, 병실청결
자동차 정비업	고장에 대한 정확한 진단	질문에 대한 응대	지식 및 기술을 보유한 기능	고장 부문 이외에 다른 부분도 무상으로 점검해 주는 태도	수리시설 및 장비, 정리/정돈, 유니폼 및 용모
은행	정확한 출납거래	신속한 업무 처리, 질문에 대한 응대 및 상담	안전한 거래의 보장 장치 및 신용도	고객의 특별한 요구에 대한 이해	창구, 실내 및 대기공간의 편의성
백화점	상품의 품질	신속, 정확한 판매	교환 및 환불	고객의 특별한 요구에 대한 이해	실내외 인테리어, 상품의 진열, 종업원의 용모

자료 : 이정학. 2006.

우수기업 인증제도

"서비스 품질 우수기업" 인증제도

서비스 품질 우수기업 인증제도는 산업자원부에서 2001년부터 서비스업을 대상으로 서비스 품질 우수기업 인증을 신청한 기업(사업장) 또는 기관에 대하여 각 분야별 전문가로 구성된 평가단이 공정하고 객관적으로 평가한 후 대상 기업 또는 기관의 전반적 서비스 품질 수준을 진단하고 개선방향을 제시하며 그 성과가 탁월한 기업 또는 기관에 대하여 정부가 인증서를 수여하고 우수업체로 널리 공표하는 제도이다.

품질경영 및 공산품안전관리법 제6조(품질경영우수기업 등) 정부는 품질경영을 통하여 품질향상, 원가절감, 생산성향상 및 서비스 품질개선에 현저한 성과를 거는 기업 등 생산현장의 소집단 또는 개인을 대통령령이 정하는 바에 의하여 품질경영우수기업, 서비스품질 우수기업 등으로 선정하여 포상하거나 필요한 지원을 할 수 있다.

품질평가는 품질평가위원의 현장평가와 집행기관의 고객평가 및 암행평가로 구성되며 현장평가는 본사, 사업장 및 지점 등에 대한 현장실사를 병행하며 실시할 수 있다.

고객평가와 암행평가는 일정과 방법을 공개하지 않고 실시한다.

주요 평가항목은 서비스품질 경영평가, 고객정보의 운영 및 활용, 고객접점 서비스 운영관리, 인적자원 및 조직관리, 효과적인 자원 활용 및 서비스 경영성과 등이다.

인증신청은 한국표준협회, 한국서비스진흥협회, 국가기술 표준원, 한국소기업 소상공인연합회를 통해 수시로 인증 신청을 할 수 있으며 인증유효기간은 2년으로 만료 시 재평가를 받아 기간연장이 가능하다.

제5절 코디네이터 역할과 자세

1. 서비스 코디네이터란?

서비스 코디네이터는 고객 만족 경영을 위해 기업과 고객 간의 중간적 위치에서 제반적인 활동을 한다. 기업에 맞는 서비스 경영을 기획하고 고객의 만족, 불만족 사항을 수시로 체크하여 기획, 보완, 수정해 나가는 능력을 겸비해야 한다.

서비스 코디네이터는 주로 병원에서 많이 활동하여 의료서비스 코디네이터, 병원코디네이터로 부르기도 한다. 코디네이터를 두는 기업 입장에서는 업종에 맞는 서비스를 기획하고 차별화된 서비스 특화를 이루어 서비스 경쟁을 이루게 되기를 희망하므로 이 요건에 부합하는 자질을 갖추어야 한다. 서비스 외 홍보, 마케팅, 직원 서비스 교육 업무도 전담한다.

2. 서비스 코디네이터의 업무

- 고객 만족 경영을 위한 서비스 마케팅 기획 및 활동
- 전 직원 서비스 교육 및 개선안 발굴
- 기업 특성에 맞는 특화되고 표준화된 서비스 매뉴얼 제작 및 지속적 모니터링
- 서비스 차별화 전략 수립 및 관리
- 불만 고객 처리 및 관리를 통한 불만 최소화 수립
- 고객 관리를 통한 충성 고객 확보

병원 코디네이터의 역할

- 내부 고객/외부 고객과 병원과의 관계 조정 및 개선
- 서비스 향상을 위한 개선안 도출 및 직원 교육 담당
- 상담 및 고객 응대
- 고객 확보를 위한 홍보 마케팅 담당
- 신뢰 구축을 위한 서비스 마케팅 전담

3. 서비스 코디네이터에게 필요한 능력

- 철저한 서비스 마인드
- 긍정적 마인드와 자세
- 프로 의식과 자기 관리 능력
- 커뮤니케이션과 상담 능력
- 프로페셔널한 자세
- 기획과 실전 활동 능력
- 직원 교육과 관리 능력
- 시대 흐름 파악과 변화 인지에 따른 대응 능력

병원 코디네이터의 능력

- 당당하고 품위 있는 이미지 관리
- 환자 관리와 상담 기법
- 의료 서비스에 대한 정확한 이해
- 타 업종 서비스와의 차별화에 대한 이해와 적용 능력
- 경쟁 병원 서비스에 대한 분석을 통한 차별화 서비스 구축 능력

4. 코디네이터가 가져야 할 서비스 마인드

■ 서비스 마인드를 갖기 위해서는

- 고객 입장에서 먼저 생각하는 역지사지의 마음
- 고객 응대에 대한 배려와 매너 습관화
- 고객은 항상 옳다는 서비스에 대한 바른 이해
- 시대 흐름에 따른 서비스 변화의 정확한 인지
- 우리가 만나는 '고객'이 누구인가에 대한 이해와 파악
- '고객이 무엇을 원하는지 제대로 이해하여 고객을 만족시키려는 태도
- 프로 서비스 인으로의 자신감과 자존감 향상
- 서비스는 자신을 파는 것 이라는 프로정신
- 서비스를 팔지 말고 가치를 팔려고 하는 고객중심사고
- 만족/불만족에 대한 지속적 점검을 통한 서비스 향상에 대한 열정
- 고객과의 친밀한 관계를 형성하여 고객에게 이익을 주려는 마음

위의 사항들이 사고에 습관이 된다면 서비스를 하는 것에 자부심과 보람을 갖게 되고 이런 마음이 기반이 되어 서비스 품질과 기업 이미지 향상으로 이어지게 될 것이다.

■ 프로 의식을 저해시키는 사고

- 나에게 주어진 일만 하면 된다.
- 기업에서 정한 서비스 규정을 준수하는 것이 직원된 의무이다.
- 고객이라는 이름은 까다롭다고 느껴지기에 그냥 단순 고객으로만 이해한다.
- '서비스는 단순히 서비스'라고 생각한다.
- 고객의 성향을 모두 맞춘다는 것은 불가능한 것이라 생각한다.
- 고객불만에 대해 서비스 실패라고 생각하지 않는다.

- 서비스란 단순히 인사만 잘하면 된다고 생각한다.
- 고객의 기분보다 그날의 내 기분이 더 중요하다.
- 서비스 제공자라고만 생각하고 고객에게 이익을 주기위한 노력을 하지 않는다.
- 서비스 코디네이터란 서비스 코디를 하며 우아하게 고객 관리를 하는 것이다.

'고정관념에 매달려 있다 보면 그것이 옳다는 사실을 증명할 기회를 자꾸만 스스로 만들어 내게 된다. 그러나 일단 한번만 그 고정관념에서 벗어나게 되면 계속해서 같은 문제 때문에 같은 교훈을 배울 필요도 없고 인생 자체도 바뀔 것이다'는 앤느류 매튜스의 말처럼 사고가 정착되는 것은 스스로 그렇게 세뇌하거나 변화를 생각해 보지 않았기 때문이다.

서비스를 해야 하기 때문이 아니라 프로의 이미지나 언행은 타인들이 자신에게 신뢰의 낙인을 찍게 만드는 강한 무기가 될 수 있는 것이다. 이것은 사회의 인정을 기반으로 발전하는 힘을 발휘하게 된다.

■ 자가 체크

1. 회사에 출근하는 발걸음이 무겁고 주말이 기다려진다.
2. 잔소리하는 상사나 고객의 목소리를 듣고 싶지 않고 보기 싫다.
3. 회사가 친절을 강요하는 것 같아 감정소모가 크다
4. 회사 서비스 방침이 무조건 고객에게만 맞추길 원한다.
5. 거울 속 내 얼굴이 처량하고 불쌍하다.
6. 고객이 빨리 갔으면 좋겠고 퇴근 시간이 기다려진다.
7. 고객이 오면 전쟁 시작이라고 생각된다.
8. 고객이라는 이름은 불합리하며 뻔뻔하다.
9. 불평을 늘어놓는 고객 이해 할 수가 없다.
10. 회사와 고객에게 평가를 받는 것이 자존심 상한다.

- 7개 이상 ○표: 회사, 고객, 서비스에 대한 스트레스가 가중 되어 있다.
- 5개 이상 ○표: 어쩔 수 없이 회사, 고객에게 길들여지고 있다.
- 3개 이하 ○표: 생각의 전환으로 서비스가 즐겁고 프로의 이미지를 줄 수 있다.

5. 서비스 디자인 능력을 가져야 한다

서비스 디자인이란 고객이 기업의 서비스를 경험하게 되는 사람, 사물, 공간 등의 유·무형의 요소 및 프로세스, 감성로드맵, 시스템, 인터랙션 등의 모든 경로에 대해 리서치 방법을 활용하여 고객의 잠재요구를 파악하고 디자인적인 방법을 고안하여 그것을 실체화함으로써 기업의 서비스 제공자 및 고객에게 더욱 효과적이고 매력적인 서비스를 경험할 수 있게 창조하는 것이다 서비스 코디네이터로써 업종(외식업, 의료, 금융 등)에 맞는 서비스 문화를 구축하고 고객의 감성 및 심리, 경험에 집중하여 서비스를 설계하여 수요자 중심의 혁신을 할 수 있어야 한다.

- 우리를 찾는 고객은 어떤 욕구를 가지고 있는가.
  (백화점을 방문할 때 병원을 이용할 때 고객 욕구는 다르다)
- 직접 고객이 찾는 곳(매장, 기업, 병원 등)은 어디에 위치 해 있는가.
  (고급스러운 지역이라면 고급스러움은 기본이 된다. 지역에 따라 고객의 평가는 달라진다는 것을 생각해 보아야 한다)
- 고객의 감성을 자극할 수 있는 매력적인 유·무형의 요소가 있는가?
- 고객에게 일관된 경험을 제공하고 있는가?
- 고객이 경험하는 유·무형 요소 중에 차별화해야 하는 것은 무엇인가?
- 고객들이 진정으로 원하는 요구는 어떤 것들이 있을까?
- 고객이 만족을 느끼는 요소와 불만을 느끼는 요소는 무엇일까?
- 고객이 기업(매장, 병원 등)에 관심을 갖게 되는 것은 무엇일까?

- 우리 기업을 이용하는 프로세스가 편리하게 구성되었는가?

위의 답을 고객 입장에서 생각해 보고 그것에 맞는 디자인을 해 보자. 최상의 서비스를 디자인 했더라도 불만족이 있다면 그것의 문제를 정확히 파악하고 개선, 보완을 이루어 나가야 한다. 멋진 건물도 누구나 멋있다고 느끼는 것은 아니고 잘 지은 집도 보수가 필요한 법이다.

최고의 세일즈맨은 물건을 팔지 않는다.

- 판매할 때까진 아무 일도 일어나지 않는다 – 판매의 법칙
- 최고가 되겠다는 결심이 최고를 만든다 – 결심의 법칙
- 세일즈맨은 만족을 팔아야 한다 – 욕구의 법칙
- 고객은 해결책을 산다 – 문제의 법칙
- 가치를 증명해야 판매할 수 있다 – 설득의 법칙
- 안전은 모든 것을 이긴다 – 안전의 법칙
- 위험은 모든 것을 극복한다 – 위험의 법칙
- 오직 신뢰만이 판매할 수 있다 – 신뢰의 법칙
- 고객은 제품이 아닌 세일즈맨을 산다 – 인간관계의 법칙
- 고객은 세일즈맨이 아닌 친구에게 구매한다 – 우정의 법칙
- 고객은 이미지를 구매한다 – 위상의 법칙
- 당신의 이미지가 수입을 결정한다 – 시각의 법칙
- 철저한 사전 준비보다 더 좋은 것은 없다 – 사전 계획의 법칙
- 고객은 스스로 결정하길 원한다 – 자발성의 법칙

– Bryan Tracy의 "The 100 Absolustely Unbreakable Laws of Business Success" (2000)중에서 –

* 프로 코디네이터 십계명

하나. 긍정적 사고를 가져야 한다.

사고에 따라 언행도 달라진다.
긍정적 사고를 가진 사람이 긍정적 언행을 하게 된다.

둘. 서비스 마인드가 있어야 한다.

긍정적 사고는 기본이며 서비스에 대한 의식이 겸해져야 한다.
서비스 의식이 프로적인 태도를 만들게 된다.

셋. 자신을 사랑해야 한다.

자신을 사랑하지 않는 사람은 타인에 대한 사랑을 표현하지 못한다.
자신을 사랑하는 사람은 자신을 소중하게 생각하는 만큼 타인을 소중하게 대하게 된다.

넷. 역지사지의 정신이 있어야 한다.

내가 만약 고객이라면 어떤 생각을 하며 어떤 대우를 받고 싶은지에 대한 역지사지 정신이 있어야 고객의 입장을 헤아릴 수 있다.

다섯. 외적 이미지 관리를 해야 한다.

외적인 이미지가 내적 이미지를 좌우하기도 한다.
프로는 자신의 외적 이미지 관리에 소홀하지 않는다.

여섯. 소통 능력이 있어야 한다.

관계가 원활하게 이루어지지 않는 가장 큰 요인이 불통이다.
소통 능력은 대인 관계를 시작하고 유지하는 것뿐이 아닌 리더십을 발휘할 때도 중요한 요소가 된다.

일곱. 시대 흐름을 읽을 줄 알아야 한다.

고객 의식과 서비스도 시대 흐름에 따라 변화한다.
트렌드에 따른 변화를 인지하지 못하면 도태될 수 있다.

여덟. 자기계발에 소홀하지 않아야 한다.

자기 계발에 열의를 쏟는 사람은 성실하며 에너지가 있다.
자기 계발에 열정을 쏟는 사람은 프로 이미지를 만들어 낸다.

아홉. 변화를 만들어 내야 한다.

아무리 좋은 것도 늘 받다보면 좋은 걸 못 느끼게 되기도 한다.
기업은 고객을 늘 생각하며 연구하는 것이 새로움을 전달해야 한다.

열. 융통성이 있어야 한다.

좋은 것도 상대가 인정하고 느껴야 하는 것임으로 기업과 고객에 따른 융통성 있는 매뉴얼을 기획하고 응대해야 한다.

* 프로 코디네이터 자질이 있는지 체크 해 보자

문 항	YES	NO
1. 기분에 따라 얼굴에 드러나지 않도록 마인드 컨트롤이 가능한가?		
2. 역지사지의 사고가 있는가?		
3. 자신을 사랑하며 자기계발에 관심이 높은가?		
4. 사람을 대하는 것이 즐겁고 보람을 느끼는가?		
5. 첫 인상이 좋다는 평가를 자주 받는가?		
6. 밝고 긍정적 분위기 메이커 역할을 자주 하는가?		
7. 주변 사람들에 고민거리를 자주 상담하는가?		
8. 매너와 배려가 있다는 말을 자주 듣는가?		
9. 자세와 태도가 바르고 긍정적인가?		
10. 바른 말씨를 사용하는가?		
11. 사람들의 말에 인내를 갖고 경청을 잘 하는가?		
12. 서비스를 제공하는 것에 자신감과 자부심이 있는가?		
13. 서비스 의미와 트렌드를 잘 파악하고 있다고 생각하는가?		
14. 소통능력이 있는가?		
15. 소통능력이 없는 사람들과도 대화를 잘 이끌어 가는가?		
16. 인간관계가 중요하다고 생각하는가?		
17. 대인 관계를 잘 리드 해 가는가?		
18. 미래에 대한 계획을 세우고 준비하는가?		
19. 새로운 것에 도전하고 싶거나 관심을 많이 가지는 편인가?		
20. 한 분야에 프로가 되고 싶은가		

위 항목 체크 중 ○이 17이상이면 프로의 자질이 충분하다. 13개 이상이면 상황과 사람에 따라 평가가 달라지기도 하며 13개 이하는 좀 더 노력하는 자세가 필요하다.

Specialist

서비스 코디네이터

Ⅱ

고객만족 서비스 실무

인간이 할 수 있는 최고의 것은 봉사하는 것이다.

– 알버트 슈바이처 –

Ⅱ 고객만족 서비스 실무

제1절 고객 유형 분석

자신을 분석하고 타인과의 관계 개선을 위한 성격유형 분석으로 MBTI, DISC, 애니어 그램 등의 도구를 활용하게 되는데 이 책에서는 고객유형을 분석하기 위해 DISC(Dominance, Influence, Steadiness, Conscientiousness의 약자)를 소개해 본다.

1. 유형 분석 DiSC

태어나면서 가진 유전자나 살아가면서 환경, 교육 등에 의해 자신의 독특한 사고나 행동의 경향을 만들어 낸다. 이런 행동 패턴(Behavior Pattern) 또는 행동 스타일(Behavior Style)을 1928년 미국 콜롬비아 대학 심리학 교수인 William Mouston Marston 박사는 행동 유형모델을 만들어 설명했다.

Marston 박사는 인간은 주도형, 사교형, 안정형, 신중형 4가지 형태로 행동한다고 말하며 영어로 Dominance, Influence, Steadiness, Conscientiousness에 대한 앞 글자를 따서 DiSC라고 명칭했다.

■ 일반적 특징

D 주도형(Dominance)	I 사교형(influence)
• 빠르게 결과를 얻는다. • 다른 사람의 행동을 유발시킨다. • 도전을 받아들인다. • 의사결정을 빠르게 내린다. • 기존의 상태에 문제를 제기한다. • 지도력을 발휘한다. • 어려운 문제를 처리한다. • 문제를 해결한다.	• 사람들과 접촉한다. • 호의적인 인상을 준다. • 말솜씨가 있다. • 다른 사람에게 동기를 부여시킨다. • 열정적이다. • 사람들을 즐겁게 한다. • 사람과 상황에 대해 낙관적이다. • 그룹 활동을 좋아한다.
S 안정형(Steadiness)	**C 신중형(Conscientiousness)**
• 예측 가능하고 일관성 있게 일을 수행한다. • 참을성이 있다. • 전문적인 기술을 개발한다. • 다른 사람을 돕고 지원한다. • 충성심을 보인다. • 남의 말을 귀담아 잘 듣는다. • 흥분한 사람을 진정시킨다. • 안정되고, 조화로운 업무환경을 만든다.	• 중요한 지시나 기준에 관심을 둔다. • 세부사항에 신경을 쓴다. • 분석적으로 사고하고 찬반, 장단점 등을 고려한다. • 예의 바르고 격식을 차린다. • 갈등에 대하여 간접적 혹은 우회적으로 접근한다. • 일을 정확하게 한다. • 업무수행에 대해 비평적으로 분석한다. • 상황이나 활동에 대해 체계적으로 접근한다.

■ 선호하는 환경

D 주도형(Dominance)	I 사교형(influence)
• 힘과 권위가 제공되는 환경 • 위신과 도전이 있는 환경 • 개인적 성취가 가능한 환경 • 다양한 활동과 업무가 가능한 환경 • 직접적으로 답이 제공되는 환경 • 성장의 기회가 있는 환경 • 통제와 감독으로부터 자유로운 환경 • 새롭고 다양한 활동이 많은 환경	• 사회적 인정을 받을 수 있는 환경 • 능력에 대해 공개적으로 인정받는 환경 • 의사표현이 자유로운 환경 • 직무 외 그룹 활동이 있는 환경 • 민주적인 관계를 맺을 수 있는 환경 • 통제나 세세한 것으로부터 자유로운 환경 • 의견을 자유롭게 개진할 수 있는 환경 • 상담하고, 조언해줄 수 있는 환경 • 업무환경이 우호적인 환경
S 안정형(Steadiness)	**C 신중형(Conscientiousness)**
• 변화에 대한 이유가 없는 한 현상을 유지하는 환경 • 예측 가능한 일상 업무가 제공되는 환경 • 업무성취에 대한 진실한 평가가 있는 환경 • 그룹일원으로서 인정받는 환경 • 일 때문에 가정생활이 침해받지 않는 환경 • 표준화된 절차가 제공되는 환경 • 갈등이 적은 환경	• 업무수행에 대한 기준이 명확한 환경 • 품질, 정확성을 가치 있게 여기는 환경 • 전문성을 입증할 수 있는 환경 • 업무수행에 영향을 미치는 요인들을 통제할 수 있는 환경 • "왜"라는 질문을 요구하는 환경 • 전문기술과 성취를 인정하는 환경

■ 일반적 성향

D 주도형(Dominance)	I 사교형(influence)
• 한도를 넘어 특권을 행사한다. • 침착하지 못하게 행동한다. • 다른 사람의 불안을 조장한다. • 사람을 과도하게 지배하려 든다. • 다른 사람에게 무뚝뚝하거나 냉소적으로 대한다. • 주목받지 못하면 시무룩해진다.	• 성과보다는 인기에 더 관심이 있다. • 지나치게 선전한다. • 충동적으로 행동한다. • 일관성이 없는 결론을 내린다. • 단지 직감을 바탕으로 결정을 내린다. • 다른 사람을 평가하는데 비현실적이다.

S 안정형(Steadiness)	C 신중형(Conscientiousness)
• 현상을 유지하려 든다. • 적응하는 데 시간이 오래 걸린다. • 여러 개의 마감일을 지키는데 곤란을 겪는다. • 새롭고 구조화되어있지 않은 일을 맡게 되면 남들의 도움이 필요하다. • 변화와 혁신에 어려움이 있다. • 지금 이대로가 좋다.	• 상사의 피드백과 지시를 원한다. • 선례 없이 행동하기를 꺼린다. • 핵심 절차와 방법에 매여 있다. • 절차에 얽매인다. • 기대치의 융통성을 거부한다. • 변화가 있기 전에 충분한 설명을 원한다.

■ DiSC 유형별

D 주도형(Dominance)	I 사교형(influence)
• 빠른 결과를 얻기 원한다. • 행동을 개시한다. • 도전을 받아들인다. • 결정을 빠르게 내린다. • 현 상태에 대해 의문을 제기한다. • 권위를 휘두른다. • 곤란한 일들을 처리한다. • 문제를 해결한다.	• 사람들과 접촉한다. • 좋은 인상을 준다. • 의견을 뚜렷하게 개진한다. • 동기부여 하는 환경을 만든다. • 열정을 일으킨다. • 사람들을 즐겁게 만든다. • 다른 사람들을 돕고자 한다. • 그룹에 참여한다.
S 안정형(Steadiness)	**C 신중형(Conscientiousness)**
• 널리 인정된 방식으로 업무를 수행한다. • 한자리에 오래 머문다. • 끈기를 보인다. • 전문적인 기술을 발전시켜 나간다. • 업무 수행에 집중한다. • 충성심을 보인다. • 다른 사람의 말을 잘 듣는다. • 흥분한 사람을 가라앉힌다.	• 핵심지시와 기준에 주의를 기울인다. • 핵심 세부사항에 중점을 둔다. • 익숙한 상황에서 일한다. • 대인관계에서 능수능란하다. • 정확성을 추구한다. • 비판적 사고를 한다. • 업무 수행평가에 치밀하다. • 권위에 순응한다.

■ 효과를 높이기 위한 전략

D 주도형(Dominance)	I 사교형(influence)
• 어려운 과제 • 같이 일하는 사람이 필요하다는 인식 • 가끔씩 받는 충격 • 그룹과의 일체감 • 결정 이유를 말로 표현할 필요 • 존재하는 허용범위에 대한 인지 • 자신의 페이스 조절과 좀 더 휴식하기	• 시간관리 • 의사결정에 필요한 객관성 • 참여하는 관리 • 남에 대해 현실적으로 평가하기 • 일의 우선순위와 마감일 • D 성향이 중간선 이하로 낮을 경우는 남에게 좀 더 굳건한 모습을 보이기
S 안정형(Steadiness)	**C 신중형(Conscientiousness)**
• 변화에 앞서 조건부 동기화시킴 • 자신의 가치를 인정 • 개인 노력이 전체성과에 어떻게 기여하는가에 대한 정보 • 비슷한 능력과 진실성 가진 직장 동료들 • 직무를 수행하기 위한 가이드라인 • 창의성 장려	• 정확한 업무 • 조심스러운 계획을 세울 기회 • 정확한 직무와 그 목직 기술 • 규칙적인 수행평가 • 그들의 성취에 대해서만큼 개인의 가치에 대해서도 인정 • 분쟁에 대한 인내심을 육성

■ 고객 행동 유형

D 주도형(Dominance)	I 사교형(influence)
• 예의를 갖춘다(VIP 대우) • 즉시 대답하고 결과를 요약 설명한다. • 고객의 요구는 즉시 수용한다. • 1,2 안으로 대안을 제안하여 고객이 선택하게 한다. • 신속하게 처리하고 약속을 지킨다.	• 호의적으로 고객을 맞이한다. • 고객이 말할 수 있도록 한다. • 적극적인 맞장구를 쳐준다. • 느낌을 전달하는 단어를 사용한다. • 작은 선물이라도 드린다.
S 안정형(Steadiness)	**C 신중형(Conscientiousness)**
• 진실하고 개인적이며 부드럽게 대한다. • 고객의 의견을 존중해준다. • 적극적인 경청을 해준다. • 인간적인 관계에 중점을 둔다. • 결정은 의뢰형을 사용한다.	• 격식에 맞추어 고객을 대한다. • 논리적이고 전문가다운 말을 사용한다. • 정확한 자료(data)에 근거한 설명 • 서론, 본론, 결론으로 구분하여 체계적으로 설명한다. • 일관성 있게 예의 바른 태도를 유지

■ 유형별 의사소통 특징과 개선 전략

D 주도형(Dominance)	I 사교형(influence)
• 바로 핵심적인 말로 들어감 • 다른 주제로 넘어가기 전에 의견이 일치된 부분은 말함 • 자신의 의견과 일치하는 부분만 듣는 경향 • 토의 후 자신이 했던 말을 요약하여 말하게 함	• 사교적이고 자유로움 • 열정적인 반응 • 제한된 시간 안에 주제를 벗어나지 않도록 방향 제시 • 부정적인 정보를 기피함 • 토론의 심각성 인식을 점검함
S 안정형(Steadiness)	**C 신중형(Conscientiousness)**
• 내성적이고 수동적으로 먼저 말하지 않음 • 비공식적으로 꾸준하고 편안한 토론 기회 제공 • 질문할 충분한 시간과 논리적 정보 제시 • 위험 부담 적을 때, 갈등, 걱정사항 이야기함	• 사적 사항 논의 피함 • 논리적, 체계적, 공식적 의사소통 접근 • 자기 생각과 다르면 정보수용 어려워 함 • 질문이 많거나 구체적 자료 요청 • 일치하지 않은 점 논의, 응답

■ 유형별 효과적 칭찬 방법

D 주도형(Dominance)	I 사교형(influence)
• 결과, 성취, 지도력 칭찬 • 간결하게 솔직하게 말함 • 추진력, 결단력, 문제해결 능력 언급	• 사교능력, 언변, 긍정적 태도에 대해 열정적이고 공개적으로 추켜세워 줌 • 친화력, 유머감각 칭찬 • 융통적이고 다양한 아이디어
S 안정형(Steadiness)	**C 신중형(Conscientiousness)**
• 꾸준한 결과와 협조적이고 온화함에 따뜻한 말로 칭찬 • 성실성, 남에 대한 배려 등을 개인적으로 칭찬	• 비공식적으로 논리적, 효율적, 정확한 업무처리 능력에 대해 정확, 간결하게 칭찬 • 분석력, 전문성, 사고력 강조

■ 유형별 효과적 행동 교정법

D 주도형(Dominance)	I 사교형(influence)
• 원하는 업무수행 수준과 결과를 직접 확고하게 말함 • 업무수행에 대한 방법 토론 • 결과 설명, 개선에 대한 제한시간 규정	• 업무수행 문제회피 시도를 저지함 • 필요이상의 토론을 피하고 업무수행 개선행동에 관한 토론 • 납기일을 약속함 • 업무수행 개선의 긍정적 결과 인식
S 안정형(Steadiness)	**C 신중형(Conscientiousness)**
• 업무수행 잘하는 분야 인식과 개선책의 균형유지 • 개선책을 위한 단계별 계획 수립 • 업무수행의 점진적 개선에 정기적 피드백 제공 • 인간적인 가치와 업무수행상의 문제를 분리시킴	• 업무 평가에 대한 비판을 방어한다는 점 인식 • 현실 결과에 대한 사실적, 구체적 토론에 초점을 둠 • 자신의 업무수행 개선 위한 계획 세우고 보고할 시간 줌 • 진행사항을 공식적으로 점검할 날짜를 정함

■ 유형별 효과적 상담법

D 주도형(Dominance)	I 사교형(influence)
• 결과 성취 방해물과 그 제거 방법 초점에 변화를 제시함 • 자기 스스로가 해결책을 세우도록 함	• 감정표현 기회 제공하고 인정 • 사실이나 결과에 관심 갖도록 유도 • 구체적 행동계획 만들도록 개방형 질문[5H1W 등]을 함 • 계획 실천을 함께 점검
S 안정형(Steadiness)	**C 신중형(Conscientiousness)**
• 상황에 따른 자신의 생각과 느낌을 표현할 시간을 줌 • 제한 시간 안에 단계별로 계획 세우는 방법 제시 • 결단력을 개발하도록 후원	• 성취한 부분은 인정하고 자기 방어를 줄이도록 함 • 변화 필요성, 변화 방법 등 논의 후 해결책 권유 • 사고할 기회와 구체적 행동전략을 개발하도록 함

■ 유형별 의사 결정에 따른 효과적 대응법

D 주도형(Dominance)	I 사교형(influence)
• 빠른 의사결정 인식 • 의사결정 내리기 전에 충분한 정보수집 지도 • 남을 좀 더 배려하고 시간을 쓰면 더 좋은 이익을 가져옴을 인식	• 타인에게 인정받지 못하는 의사결정, 부정적 결과나 충돌을 피하려는 성향 이해 • 미결정이 장기적으로 부정적 결과를 가져올 수 있음을 논의 • 직관적 결정보다 사실과 논리에 근거한 접근 방법을 사용하도록 지도
S 안정형(Steadiness)	**C 신중형(Conscientiousness)**
• 단계별 의사결정 시간을 갖기 원하는 경향을 이해 • 위험 부담되는 결정에 자신의 논리적, 체계적 접근 방법을 후원 • 빠르고 위험 부담이 적은 결정을 내릴 수 있도록 지도 • 대인 관계 갈등이 예상되면 미루는 경향이 있음 • 그룹의 안정과 전반적 복지 개선책에 대하여 논의	• 분석적이고 잠재적 결과를 계산하는 경향이 있음 • 충분한 시간 필요 • 분석하는 데 소요되는 시간의 양을 제한 • 잘못된 결과에 대한 우려를 극복하고 자신감을 갖도록 함

■ 문제 해결을 위한 유형별 행동 원리

D 주도형(Dominance)	I 사교형(influence)
• 실질적이고 결과지향적인 접근 방식 • 간단하고 빠른 해결책 모색 • 장기적인 결과를 고려하게 함 • 복잡한 문제는 너무 서두르지 않도록 지도	• 복잡, 반복적인 문제를 피함 • 본능적 감정보다 이성적으로 해결하도록 지도 • 낙천성이 문제점으로 인식하게 함 • 실제적, 잠재적 결과를 명확하게 설명
S 안정형(Steadiness)	**C 신중형(Conscientiousness)**
• 기존 순서대로 단계별, 체계적 방법 사용 • 혁신적인 문제해결 방법 개발지도 • 실행 전에 연구할 시간을 줌 • 상황에 따라서 더 연구하거나 당장 결정해야하는 지침 제공	• 분석적, 체계적 방법 사용 지원 • 가능한 결과와 기여하는 요소들을 이해하도록 지원 • 즉시 문제해결을 해야 할 경우 대체방법 지도 • 완벽한 해결책보다 실행 가능한 해결책 모색 지원

고객의 행동 유형을 보며 DISC 중 어디에 속 하는가 세밀히 파악 해 보고 그에 따른 소통, 대응 방안을 마련해 본다면 불만을 줄일 수도 있을 것이다. 물론 꼭 들어맞지 않는 경우도 있을 수 있다. 그런 경우는 순발력 있게 빠른 대응 변화를 해야 한다.

제2절 고객 접점에 따른 고객응대방안

고객 응대는 접점에서 '진실의 순간(Moment Of Truth)' 또는 '서비스 결정의 시간'에 따라 만족, 불만족, 감동으로 이어지게 된다.

스칸디나비아 항공사 칼슨 사장은 한 해에 천만 명의 승객이 각각 5명의 자사 종업원들과 접촉하고 고객별 1회의 응접시간은 평균 15초이라는 것을 발견했다. 결과적으로 1회15초라는 짧은 시간에 1년에 5,000만 번 고객의 마음에 스칸디나비아 항공의 성공을 좌우하는 결정적인 것이 진실의 순간(MOT : Moment Of Truth)이라는 것을 알아내어 창사지가 되었다.

스칸디나비아 항공은 진실의 순간을 발견하고 집중적으로 관리한지 1년 만에 800만 달러의 적자 기업에서 7,100만 달러의 이익을 내는 기업으로 전환하였다.

■ MOT의 통나무 물통 법칙

통나무 조각으로 만든 물통은 여러 나무 조각을 묶어서 만들었기 때문에 한 나무 조각이 깨지거나 높이가 낮으면 그 낮은 나무 조각의 높이만큼 물이 채워진다. 마찬가지로 고객은 고객 접점에서 경험한 서비스 중 가장 불량한 서비스를 유난히 잘 기억하고 그 기업을 평가하는데 중요한 잣내로 삼는다. 따라서 고객 접점(MOT)에서는 '100-1은 0'이라는 법칙이 성립될 수 있다. 고객 접점 중 어느 한 접점에서 불만족을 느꼈다면 고객 관점에서 그 서비스 전체에 대해 불만족을 느낄 수 있다는 것이다. 기업의 입장에서는 자신의 일만 잘하면 되는 것으로 생각하지만 고객의 관점에서 보면 자신의 서비스 사이클 전체적인 면에서 만족해야만 한다.

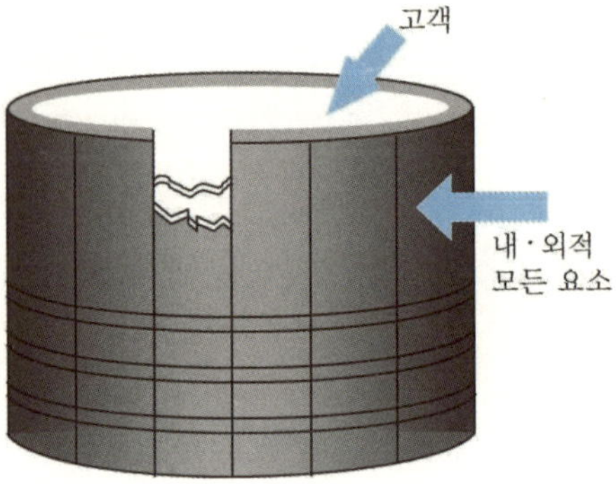

■ MOT에 따른 고객 접점 (예: 백화점)

고객 중심의 고객 접점을 만들어 가는 과정은 아래와 같은 단계를 거친다.

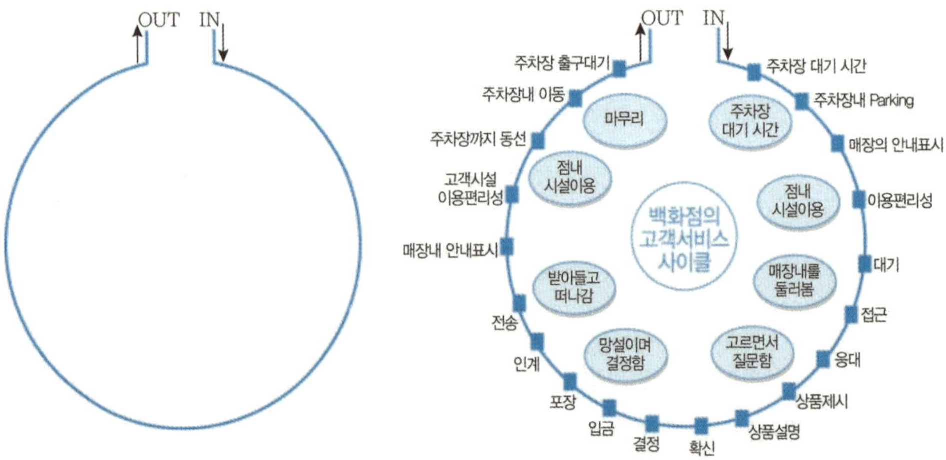

• 서비스 접점 진단

접점 분석과 응대 포인트를 파악하고 일반 상황과 예외적 상황에서의 응대 수칙을 만들어야 한다. 하드웨어, 소프트웨어, 휴먼웨어의 세 가지에 측면을 고려하여 고객 지향적 접점 진단을 해야 한다.

- 서비스 접점 설계

  고객과 만나는 순간에 고객 만족 영향을 주는 요소가 무엇인가를 파악하고 점검한다. 업종별로 1차 정의하고 2차로 세부접점 요소를 정의해야 한다.

- 고객접점 사이클 세분화

  고객 접점 사이클은 고객을 처음으로 접촉해서 서비스가 마무리될 때까지의 서비스 전체 과정을 고객의 입장에서 그려보는 것이다. 우선적으로 고객과의 접점들을 리스트화하여 고객이 서비스를 받는 시점부터 서비스의 완료 시점까지를 정리한다. 접점 사이클에서 업무별로 세분화가 필요한 접점의 MOT 사이클을 작성한다. 자신들이 맡고 있는 부분만 이해하지 말고 전체적인 것을 이해하고 습득해야 한다.

- 자신의 고객 접점 시나리오 만들기

  고객접점 사이클이 나오면 자신의 고객 접점도 만들어지게 된다. 고객접점(My MOT) 사이클을 보며 개선과 보완에 대한 답을 도출 해 낸다.

- 일반적인 표준안에서 구체적인 서비스 표준안으로 행동하기

  자신의 고객 접점(My MOT)개선안에 마련된 새로운 고객 서비스 행동지침을 정리해 고객접점 표준안을 만든다. 새롭게 만들어진 표준안은 고객 서비스 상황에서 단순한 업무적 대응이 아닌 더 세부적인 사항으로 고객에게 제공하고 목표가 지켜질 수 있는 표준 지침을 수행한다.

이 모든 과정을 통해 만들어진 MOT 응대도 고객과 상황에 따라 피드백을 통해 수정 보완 해 나가는 융통성을 발휘해야 고객 만족을 넘어 감동으로 번지게 할 수 있다.

■ MOT에 따른 고객 접점 (예: 병원)

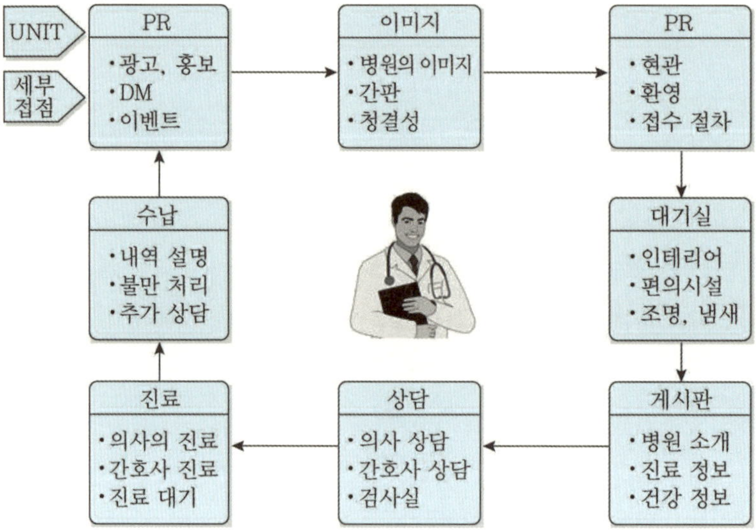

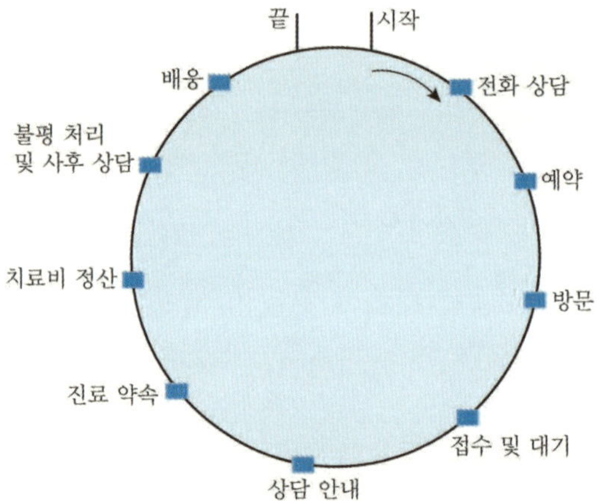

리셉션데스크의 고객접점 사이클(사례)

1) 고객의 입장에서 걸어보기(Walk-thru)

   환자의 관점에서 우리 병원을 만나는 시작점부터 끝까지 각 단계를 생각 해 본다.

2) 고객 접점은 우리 병원을 접촉하기 전 단계(Before)에서부터 시작되며 Sales/Service 단계와 사후 서비스 단계(After)로 구분해서 생각해 본다.

3) 고객 접점 상으로 HARD적, HUMAN적, SOFT적인 요소를 고려해 본다.
4) 접점 진행 요소 시간을 체크하여 지체되는 시간은 개선해 본다.
5) 외부 고객과 관련하여 새롭게 필요한 접점도 찾아본다.

고객 입장의 접점별 고객 응대 방안을 구축 하고 고객 유형에 따른 하드웨어, 소프트웨어 서비스 방안을 마련해야 한다. 융통성이 있어야 하지만 기본 서비스 방안은 표준화가 되어 있어야 한다.

제3절 고객응대 매너

1. 고객 응대 서비스 조건

긍정적 마인드, 외적 이미지, 응대 매너와 태도, 돌발 상황에 대한 대처 능력을 만들어야 한다. 스마일이나 인사는 기본이며 기본은 만족을 주지만 감동으로 이어지게 할 수는 없다.

서비스 품질을 높이는 것들에 대한 매뉴얼을 만들고 전 직원이 통일된 서비스 문화를 만들어야 한다. 단 통일된 서비스에 돌발적 상황이나 고객유형에 다른 순발력 있는 차별 서비스를 하는 것은 서비스 품질 향상과 감동으로 이어지게 하는 것이다.

2. 고객 감동을 위한 서비스인의 자세

고객을 보다 더 즐겁고 감동받게 하는 기본적 서비스 3S는

- 스마일(Smile) : 건강한 얼굴, 밝은 표정, 단정한 용모, 명랑한 음성
- 서비스(Service) : 친절 응대, 고객의 입장 이해, 정중한 자세와 일 처리, 고객과의 약속 이행, 사후 점검
- 스피드(Speed) : 재빠른 행동, 신속한 처리, 일의 표준화, 고객 우선주의

1) 용모

- 때와 장소와 분위기에 잘 어울리며 호감을 주는 인상과 용모를 연출한다.
- 몸치장의 기본은 청결, 기능, 조화이며, 직장 생활에 맞는 용모를 갖추도록 다음 상황을 체크해 볼 필요가 있다.

> ◆ 얼굴 - 화장은 지나치지 않은가? (립스틱, 눈화장 등)
> ◆ 옷 - 단정하고 청결한가? 너무 화려하지 않은가?
> ◆ 구두 - 잘 닦였는가?
> ◆ 머리 - 청결한 상태인가? 회사 분위기에 맞는 스타일인가?
> ◆ 소매나 깃 - 청결한가?
> ◆ 손톱 - 깨끗한가? 매니큐어는 적당한가?
> ◆ 사원증 - 제 위치에 패용하고 있는가?

2) 표정

- "어서 오십시요. 반갑습니다."
  아무리 좋은 인사말일지라도 표정이나 태도에 반가움이 나타나지 않는다면 상대에게 좋은 이미지를 줄 수 없다.
- 첫 인상이 나쁘면 응대가 아무리 친절해도 새로운 인상을 심는데 대단한 어려움이 따르게 된다. 밝은 표정을 습관화해서 상대에게 좋은 이미지를 심어주도록 해야 한다. 특히 영업사원, 영업부, 총무부 사원 등 직접 고객을 많이 대하는 사람일수록 표정 관리에 신경 써야 한다.

표정은

- 미소는 외모보다 멋있는 것이다.
- 인간의 미 = 동적인 미 + 정적인 미
- 동적인 미는 표정으로 나타난다.

■ 미소의 효과

- 마인드 컨트롤 효과
  밝은 표정을 짓거나 웃다 보면 저절로 기분이 좋아지는 게 웃음이다.
- 감정이입의 효과
  웃음은 서비스 맨의 기분만 좋아지게 하는 게 아니라 그를 상대하는 고객의 기분까지 즐겁게 해준다.
- 건강증진의 효과
  웃음이 건강에 좋다는 것은 스탠퍼드 대학의 윌리암 프라이 교수를 비롯하여 여러 학자, 의사들의 공통된 견해이다.
- 미소는 환영을 상징한다.
- 미소는 자신감을 갖게 해준다.
- 미소는 타인의 반대를 용해 시켜준다.
- 미소는 행복감을 느끼게 한다.
- 미소는 자연스러움, 안정감, 온정, 희망, 기쁨을 느끼게 한다.

3) 시선

"의식의 흐름을 가장 단적으로 표현하는 것은 눈이다"는 철학자 베르그송의 말처럼 인사는 고객 맞이를 하는 경우 다른 곳을 응시하며 하여서는 안 된다. 다른 곳을 보며 인사말을 하면 고객 입장에서는 자신을 무시한다, 무례하다, 서비스맨 자질이 없다 등의 감정을 전달 받아 불만족을 넘어 관계 청산을 하고 싶어지게 만들기도 한다.

고객을 대할 때 시선은

- 듣는 사람의 눈동자에 시선을 맞추되 가끔 입 언저리를 바라본다. 이것은 듣는 사람으로 하여금 마음을 흩어지지 않게 하는 효과가 있다.
- 상대방이 손윗사람일 때는 시선이 상대방 눈의 위치보다 높으면 거만한 인상을 주고 너무 아래를 보면 비굴한 인상을 주게 됨으로 적당한 위치에 시선을 맞추도록 한다.
- 같은 입장의 두 사람과 말할 때는 두 사람을 번갈아 보면서 말한다.
- 부탁을 하거나 호소할 때는 요점이 되는 말에 액센트를 넣으며 상대방의 눈동자를 마주보면 효과적이다.
- 듣는 입장일 때에는 상대방의 눈을 보면서 들으며 맞장구를 쳐야 할 때는 반드시 상대방의 눈동자에 시선을 맞추어 진지하게 듣고 있음을 나타내는 것이 좋다.

4) 인사

첫 만남을 시작하는 것이 인사이다. 인사는 서비스가 아닌 대인 관계의 기본이라 할 수 있다.

■ 인사의 종류

숙이는 정도에 따라 정중례, 보통례, 목례로 구분할 수 있다.

- 목례 [약례] (15°)

  눈인사라고 하는데 길 또는 실내나 복도에서 사람을 자주 대할 때 하는 인사법이다. 앉아 있거나 서 있을 때 또는 걸어갈 때 바로 그 자세에서 상체를 굽히지 않고 눈으로 예를 표하며 가볍게 머리만 숙이면서 부드러운 표정을 짓는다. 상사나 고객에게는 일어서서 목례로서 경의를 표한다. 불편한 장소에서 정중하게 인사하기 곤란한 경우 목례를 하기도 한다.

- 보통례(30°)

  보통례는 우리가 일상에서 가장 많이 하는 인사법으로 상체를 30도 정도 숙이고 2~3초 정도 유지한 다음 천천히 상체를 든다. 보통례는 윗사람이나 상사에게 인사할 때 손님 접대시나 공손하게 인사할 때 하는 인사이다.

- 정중례(45°)

  정중례는 인사의 가장 기본이 되는 인사로 상견례 장소나 아주 큰 어른을 만나 만났을 때 등 엄숙한 장소에서 가장 많이 사용되는 인사이다. 고객과 첫 대면에서도 정중례로 인사하며 감사, 사과, 맞이, 배웅 등을 할 때 정중례를 한다. 고객의 접점에 있는 서비스 최일선 근무자라면 누구나 몸에 배어 있어야 하는 인사로 두 손을 앞 또는 양쪽 허벅지에 붙이고 상체를 45도 정도 깊숙이 숙여서 하는 인사법이다.

■ 올바른 인사법

① 얼굴에는 미소를 짓는다. (smile)
② 밝은 표정으로 상대방의 눈은 바라본다. (eye contact)
③ 턱은 안으로 당기며 숙이지 않고 상향을 본다.
④ 어깨는 당당하게 서고 등과 허리와 무릎은 위에서 당긴다는 느낌으로 곧게 편다.
⑤ 등을 곧게 펴고 남자는 바지 옆줄 선에 손끝을 맞추고, 여자는 오른손이 위로 오도록 손을 가지런히 모은다. (공수:拱手)
⑥ 발은 발꿈치를 서로 붙이고 양 발의 각도는 20~30도를 유지한다.
⑦ "안녕하십니까?"를 하면서 허리를 숙인다(인사말)
이때 머리, 목, 등이 일직선이 되도록 하여 허리를 숙인다.

⑧ 숙이는 동작은 빠르게, 잠시 멈추었다 천천히 일어서서 상대를 바라본다.

■ 인사의 5대 포인트

- 내가 먼저
- 상대의 눈을 바라보며
- 상대에게 맞게 (T · P · O)
- 미소 지으며
- 적절한 인사말과 함께

올바른 인사 팁!

1. 정중하고 예의 바르게 상황에 맞는 적절한 인사말과 인사 자세를 해야 한다.
2. 인사는 '내가 먼저' 한다는 생각을 하고 습관을 들여야 한다.
3. 상하에 상관없이 먼저 본 사람이 하도록 한다.
4. 적절한 인사말을 사용한다.
   ☞ 환영하는 마음가짐으로 : 어서 오십시오.
   ☞ 반가운 마음가짐으로 : 안녕하십니까? 안녕하세요? 안녕히 가십시오. 반갑습니다.
   ☞ 사과하는 마음가짐으로 : 미안합니다. 죄송합니다. 실례합니다.
   ☞ 감사하는 마음가짐으로 : 감사합니다. 고맙습니다. 수고하셨습니다.
   ☞ 겸허한 마음가짐으로 : 덕분입니다. 덕택으로, 아닙니다. 제가 더 도움이 되었습니다.
   ☞ 간청하는 마음가짐으로 : 부탁합니다. 잘 부탁드립니다.
   ☞ 상냥한 마음가짐으로 : 네, 알겠습니다. 네, 도와 드리겠습니다.

■ 잘못된 인사

- 상대를 눈과 마주치지 않고 하는 인사 (without eye contact)
- 망설이다 마지못해 하는 인사
- 인사말 없이 동작만 하는 인사
- 허리를 숙이지 않고 고개만 까딱하는 인사
- 무표정한 인사 (without smile)
- 뛰어가면서 하는 인사
- 지나치게 등을 구부리는 인사

위의 잘못된 인사의 공통점은 eye-contact with smile과 eye-contact with mind가 결여된 인사들이다. 상황이 허락하지 않아 인사의 기본적인 매뉴얼을 지키지 못하는 경우라도 시선과 스마일은 잊지 말아야 할 중요한 요소이다.

무표정한 인사(화난 듯한…)

쳐다보지도 않는 인사

할까 말까 망설이는 인사

고객만 까닥하는 인사

■ 고객 서비스시의 마음가짐

- 성의와 진심으로 대한다.
- 친절한 마음씨와 말씨를 전달한다.
- 예절과 매너를 가진다.
- 회사, 상품, 서비스에 관한 지식을 풍부하게 갖고 확실히 처리한다.
- 적극적인 태도로 고객의 의도를 확실하게 파악한다.
- 고객의 이름과 성향을 재빨리 파악한다.
- 약속은 반드시 지킨다.
- 변명은 절대 금물이다.

■ 고객 서비스 기본 매너

- 고객에게 무관심한 모습은 보이지 않는다.
- 양해를 구하지 않은 채 기다리게 하지 않는다.
- 동료와의 사담, 고객에 대한 비평은 하지 않는다.
- 고객과 논쟁하지 않는다.
- 자신과 관계없으니 모르는 것이 당연하다는 얼굴을 하지 않는다.
- 바쁠 때도 소란스런 모습을 보이지 않는다.
- 몸가짐을 단정히 한다.

5) 바른 자세

- 남사원의 서 있는 자세

  서 있을 때에는 머리, 어깨, 등이 일직선이 되도록 허리는 곧게 펴고 가슴을 자연스럽게 내민다. 턱은 약간 안쪽으로 당겨 고정시키며, 시선은 정면을 향하고, 입가에 미소를 머금습니다. 바로서서 계란을 쥐듯 가볍게 주먹을 쥐고, 손을 바지 재봉선에 맞춰 내립니다. 발은 뒷 발꿈치를 붙이면서 15도정도 벌립니다.

- 여사원의 서 있는 자세

여자의 서 있는 자세 살펴볼까요? 차렷 자세로 바로서서 오른손이 위로 오게 공수자세로 배꼽 및 3cm 아래에 손을 편안하게 가져다 둡니다. 발은 뒤꿈치를 붙인 상태에서 15도정도 벌리도록 합니다.

- 여사원의 앉는 자세

의자에 앉을 때 여성은 의자의 반 보 앞에 바르게 선 자세에서 한 발을 뒤로하여 의자 깊숙이 앉습니다. 손은 모아서 무릎 위에 놓고 무릎과 발은 붙여서 직각으로 세웁니다. 턱은 당기고 눈은 정면이나 고객을 응시합니다. 양다리는 모아서 수직으로 하며 발끝을 모읍니다. 허리를 곧게 펴고 등과 등받이 사이에 주먹이 하나 들어갈 정도의 간격을 둡니다.

- 남사원의 앉는 자세

남자는 의자에 앉을 때는 의자의 반 보 앞에 바르게 선 자세에서 한 발을 뒤로하여 의자 깊숙이 앉습니다. 허리를 곧게 펴고 등과 등받이 사이에 주먹이 하나 들어갈 정도의 간격을 둡니다. 턱은 당기고 눈은 정면이나 고객을 응시 합니다. 발과 무릎은 허리넓이 만큼 벌려 손은 살짝 쥐고 허벅지 위에 올려놓습니다.

- 걷는 자세(남녀 동일)

걸을 때에는 허리를 펴고 당당하게 걷는 것이 포인트 입니다. 가슴과 등을 곧게 펴고 시선은 앞을 향합니다. 소리를 내지 않게 걸으며, 걸을 때는 머리와 몸을 흔들지 않습니다. 팔은 자연스럽게 흔들되, 다리가 벌어지지 않도록 양 무릎을 스치듯 걷고, 발을 끌지 않습니다. 위급 상황 외에는 뛰지 않고, 급할 때는 빠른 걸음으로 조용히 걷습니다.

- 방향 가리키는 자세(남녀 동일)

  방향을 제자리에서 안내할 경우 시선은 고객, 방향, 고객으로 이동합니다. 상체는 시선이 가리키는 방향으로 몸을 향하고, 손은 손가락을 모아 손바닥 전체로 안내 합니다.

  사람에게 안내할 때는 두 손으로 위치나 사물을 안내할 경우는 한손으로 안내를 합니다.

  가리키는 팔은 팔꿈치 기준으로 각도를 주고 각도로 거리감을 표현합니다. 반대편 팔은 손가락을 모아 배꼽 근처에 살짝 얹습니다.

■ 바른 방향 안내 자세

움직여서 위치를 안내할 경우에는 고객의 2보 정도 앞에서 미는 문은 문을 밀어 열고, 고객을 안내합니다. 당기는 문은 문을 당겨 열고, 멈추어 선 후, 고객이 먼저 들어간 후 뒤따라 들어가며 문을 닫습니다.

목적지 도착 후: "고객님, 여기가 ○○○입니다"라고 말씀드립니다.

- 계단을 오르내릴 때

  고객과 계단을 오르내릴 때는 상체를 곧게 펴고 몸의 방향을 비스듬히 안내. 고객이 늘 위쪽에 있어야 합니다. 내려올 때에는 안내인이 먼저, 고객이 뒤쪽 올라갈 때에는 고객이 먼저, 안내인이 뒤쪽계단을 올라갈 때는 남자가 먼저, 내려올 때는 여자가 먼저 내려옵니다.

- 동행안내(복도)

  이쪽으로 오십시오. 고객보다 두서너 걸음 앞에서 안내합니다.
  (1-2걸음 오른쪽, 왼쪽으로 비스듬히)

■ 바른 동행 자세

- 엘리베이터 안내할 때

  전용 안내인이 없을 때 "○층 입니다"(먼저 실례합니다)
  안내자가 버튼을 누르며 고객이 먼저 내리게 한다.
  안내자가 먼저 타고 열림 버튼을 누른다. (여기입니다)

구분	남사원	여사원
대기자세	왼손으로 오른손을 감싸며 앞으로 모은다.	오른손이 위로 오게 하여 앞쪽으로 모은다.
중점사항	절대 뒤쪽으로 몸을 젖히거나, 한쪽 다리만 힘을 주고 서지 않아야 하며 동료끼리 잡담은 금물	
고객 문의 응대 자세	• 상체를 조금 앞으로 숙여 잘 경청하고 있음을 알려주고, 중간 중간에 '네'라는 말을 한다. • 중요사항은 메모하여 확인한다.	
걸음걸이 자세	• 신발을 끌거나, 무겁게 걷지 말아야 한다. • 어깨는 자연스럽게 펴고 힘을 뺀다. • 걸음걸이 시 팔은 자연스럽게 흔들어 준다.	
기타사항	• 고객과의 대면 시 모든 서류를 정리하여 준비가 다 끝나면 대면을 한다. • 병원을 들어가거나 나오면서 힘차고 활기찬 인사를 잊지 않는다. • 병원 원장님들의 변화사항을 항시 주시한다.	

3. 서비스인의 이미지메이킹

심리학자 메라비안 교수에 의하면 시각적 이미지 55%, 청각적 이미지 38% 기타 7%라고 한다. 첫인상은 2~3초, 늦어도 7초 이내 결정되므로 대면을 하는 경우는 시각적(외적) 이미지로 전화상으로 첫 응대는 청각적 요소로 첫 인상을 주게 된다.

'첫 인상이 마지막 인상이다'는 말처럼 나쁘게 준 첫 인상은 만남으로 이어지지 않게 만들며 인상을 전달할 수 있는 기회를 놓치게 된다. 사람들을 대하는 직업을 가진 사람은 언제 어디서 어떤 사람을 만나든 좋은 첫 인상을 주도록 만들어 가야 한다.

메르비안의 법칙

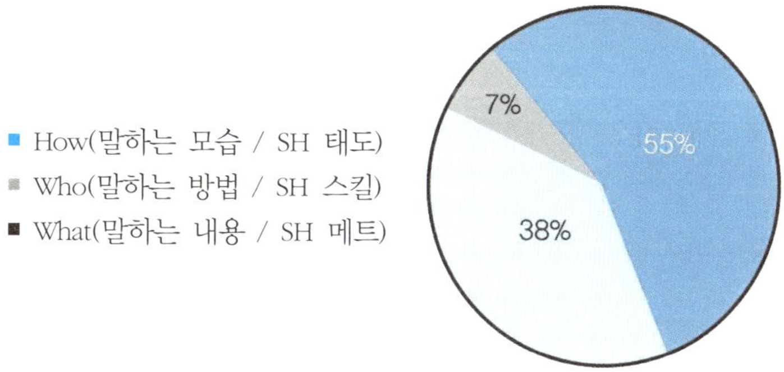

■ 밝고 긍정적 표정을 만들어야 한다.

표정도 긍정, 부정의 언어적 느낌을 전달하는 요소이고 특히 첫 인상을 좌우하게 된다.
자신의 기분에 따라 표정이 바뀌지 않도록 마인드 컨트롤로 늘 밝고 긍정적 표정이 유지되도록 해야 한다.

■ 갖춘 용모, 복장을 관리해야 한다.

프로는 자신의 외적 관리에 소홀하지 않는다.
당당하고 프로의 인상을 전달하는 외모 관리는 필수이다.

■ 바르고 예의바른 태도와 자세를 습관화해야 한다.

예의는 상대에 대한 배려이다. 걸음걸이, 제스추어 등 바르고 예의 바른 태도와 자세를 습관화 하도록 만들어 가야 한다. 자신의 이미지가 좋아지는 것은 물론이거니와 상대의 마음을 다치지 않게 하는 것이다.

■ 품위 있고 긍정적 대화를 해야 한다.

'친한 사람일수록 예의를 지켜야 한다'는 말처럼 함께 있는 내부 고객이나 단골 고객 등 가깝고 편한 사람이라도 상대의 마음이 다치지 않게 하는 기본 예의를 지키며 긍정적 표현을 해야 한다.

■ 고객과 만남 시 명함 주는 매너

명함은 자신의 얼굴이다. 명함 관리는 구겨지지 않게 지갑에 관리하며 꺼내기 쉬운 곳에 넣어두고 다른 사람 명함을 주지 않도록 받은 명함과 자신의 명함은 항시 구분 해 관리 한다.

☞ 명함 주는 법

- 반드시 고객보다 먼저(고객이 2인 이상일 경우- 윗사람부터)
- 고객이 바로 볼 수 있도록
- 양손으로 명함의 여백을 잡고 소속과 이름을 정확하게
- 목례를 하며, 가슴 선과 허리선 사이에서

☞ 명함 받는 법

- 목례를 하며 양손으로 공손히(오른손으로 받고 왼손으로 받친다)
- 동시에 주고받을 때는 오른손으로 주고왼손으로 받는다.
- 받은 명함은 허리 높이 이상으로 유지
- 혹시 모르는 한자는 "실례하지만 어떻게 읽습니까?"라고 질문해도 매너에 어긋나지 않는다.

■ 고객과 악수 인사 시 매너

너무 꽉 잡지 않도록 해야 하며 상대와 만나 반갑다, 앞으로 좋은 관계를 만들고 싶다 의미를 담아야 한다.

- 악수 시 주의사항

상대의 눈을 보고 있는가?
혹시 왼손잡이라고 왼손으로 하지 않는가?
(악수는 오른손으로 하는 것이 매너이다)
왼손을 주머니에 넣거나 뒷짐을 지어 건방진 인상을 주지 않는가?
손이 더럽거나 땀이 나서 축축하지는 않은가?
손을 계속 잡고 있지는 않은가?

위의 사항은 상대에게 불쾌감을 줄 수 있으므로 주의를 해야 한다.

■ 자신의 이미지 체크를 해 보자

• 용모, 복장 체크리스트(여성)

문 항	YES	NO
서비스인의 이미지를 주는 머리 스타일을 하고 있는가?		
앞머리가 눈을 덮지 않고 깔끔한 인상을 주는가?		
머리 장식이나 악세서리는 지나치게 화려하지 않는가?		
화장이 성의 없어 보이지는 않는가?		
아이 샤도우나 립스틱 색상이 너무 진하지 않는가?		
입 냄새가 나지 않고 치아는 깨끗한가?		
손톱의 길이나 매니큐어 색상은 적당한가?		
지나친 향수 냄새나 몸 냄새는 나지 않는가?		
복장은 프로 서비스인의 이미지를 주는가?		
구두는 깨끗하고 복장과 어울리는가?		

• 용모, 복장 체크리스트(남성)

문 항	YES	NO
머리 스타일은 깔끔하고 앞머리가 눈을 덮고 있지는 않는가?		
비듬은 없는가, 냄새(머리, 담배)는 나지 않는가?		
수염이나 콧털이 보이지는 않는가?		
입 냄새는 나지 않고 이물질이 끼어 있지 않은가?		
얼굴은 깔끔하고 향긋한 냄새를 풍기는가?		
복장은 프로 서비스인의 이미지를 주는가?		
다림질 상태는 양호하며 주름은 잘 잡혀 있는가?		
손이 더럽거나 손톱이 길지는 않은가?		
담배가 들어나 보이지는 않는가?		
구두는 잘 닦여있고 뒷축이 벗겨지지 않았는가?		

7) 전화 매너

핸드폰이 보편화되면서 전화는 일상생활에 가장 밀접하고 빈번한 사용 수단이 되었다. 전화로 고객과 첫 연결이 되는 상황에서는 '전화는 회사의 첫 인상'이 된다. 전화는 상대의 얼굴을 직접 보지 못하고 대화하기 때문에 전화를 받는 매너와 태도에 따라 상대의 신뢰를 얻기도 하고 회사의 이미지에 치명적 손실을 주기도 한다. 또한 전화는 직접적인 경비만이 아니라 귀중한 시간도 소비한다는 것을 늘 머릿속에 염두에 두어야 한다. 특히 상대방에게 전화를 건 경우 상대는 하던 업무를 중단한 상태이고, 긴 이야기를 할 형편이 아닐 수도 있다. 짧은 시간에 용건을 요령 있게 전달하는 습관을 들여야 한다.

비즈니스 전화 기본 매너는 '신속, 정확, 정중'이라 요약할 수 있다. 특히 비즈니스 사회에서 전화의 가치와 효용은 절대적임을 명심하고 올바른 전화 매너를 실천하는 것이 필요하다. 전화를 받는 속도와 목소리가 첫 인상을 좌우하고 그 기업의 문화를 알 수 있게 된다.

- 전화벨이 울리면 즉시 받는다.

  벨이 여러 번 울린 뒤에 받는 것은 상대방에게 실례가 된다. 사정이 있어 세 번 이상 벨 소리가 울린 후에 받았을 때는 "늦어서 죄송합니다."라고 먼저 말하는 것이 바른 매너이다.

- 인사말과 더불어 회사명과 부서명, 이름을 밝힌다.

  회사 밖에서 걸려온 전화는 먼저 "감사합니다. ○○회사 총무부 ○○○입니다."라고 말한다. 교환을 거쳤을 경우에는 이미 회사명을 밝혔으므로 "감사합니다. 총무부 ○○○입니다."라고 한다. "여보세요, 여보세요" 라고 하거나 "어디시죠?"라는 표현은 하지 않도록 주의해야 한다.

- 상대방을 확인한 후 인사를 한다.

  "○○회사의 김대리님 이시라구요. 안녕하십니까?"

  이름을 밝히지 않는 경우가 있는데, 그럴 때에는 "실례지만 누구십니까?"

하고 물어 확인한다. 상대가 자신을 밝히기를 꺼린다면 끝까지 물어 보려는 인상을 주지 않도록 한다.

- 메모 준비를 하고 용건을 듣는다.
  전화는 왼손으로 받아 항상 메모할 수 있는 준비를 하도록 한다.

- 용건이 끝나면 통화 내용을 요약, 복창하여 확인한다.
  이때 잘 모르는 내용일 경우에는 잘 아는 사람에게 전화를 바꾸어 준다. 특히 전언(傳言)일 경우에는 주의를 기울여 확인하고 책임을 진다.

- 마무리 인사를 빠뜨리지 않도록 한다.
  마무리 인사를 하고 상대가 수화기를 내려놓은 것을 확인한 후 조용히 수화기를 내려놓는다.

■ 전화걸 때 매너

직장에서 전화는 친구들에게 가볍게 거는 사적인 전화와는 다르며 무엇보다 전화를 걸기 전에 충분한 준비가 필요하다. 우리는 항상 전화와 더불어 생활하고 있기 때문에 전화를 익숙하게 사용하고 있다고 생각하기 쉬우나 생각 밖으로 전화를 다루는 기본 태도가 제대로 되어 있지 않는 사람을 간혹 보게 된다.

- 상대방의 전화번호, 소속, 직급, 성명 등을 미리 확인한다.
  전화를 걸면서 명함을 찾는 듯 하면 상대의 시간을 허비하게 만드는 것이다. 통화할 사람에 대한 것을 기억하거나 준비해 걸도록 한다.

- 상대가 전화를 받으면 자신을 밝힌 후 상대방을 확인한다.
  만일 찾는 사람이 아닌 다른 사람이 받으면 "죄송하지만 영업부 ○○○ 과장님 부탁합니다."하고 정중하게 말한다. 원하는 통화 상대자인 경우는 바로 인사말을 한 후 상황을 고려하여 용건을 말한다. 용건을 간결하게 하도록 한다.

- 용건이 끝나면 통화 내용을 다시 한 번 정리하여 확인한 후 마무리 인사를 한다.
- 일반적으로 업무 전화는 건 쪽에서 먼저 끊는다.
  받은 쪽이 먼저 끊으면 상대방이 용건을 다 말하기 전에 통화가 끝날 수 있기 때문이다. 상대가 윗사람이나 연장자인 경우는 상대가 끊은 것을 확인한 후 수화기를 내려놓는다.

■ 전화 연결 매너

외부에서 전화가 걸려 왔을 때 상황에 따라 찾는 사람에게 곧바로 연결하는 경우와 안 되는 경우가 있다.

- 전화 연결 시 매너
  ① 전화가 왔다고 해서 무조건 연결해서는 안 된다. 당사자가 전화를 받지 못하는 상황이거나 받고 싶지 않는 전화일 수 있음으로 파악해 볼 필요가 있다.
  ② 처음 전화를 걸어 온 상대에게는 용건을 물어본 후 연결한다.
  ③ 지명 통화자가 다른 전화를 받고 있거나 바쁜 경우에는 다시 걸도록 조치한다.
  ④ 통화 지명자에게 연결할 때는 상대방에게 이쪽의 말이 들리지 않도록 송화기를 손으로 확실히 막아야 한다.
  ⑤ 다시 전화를 걸어야 할 경우는 상대방의 연락처, 전화 번호, 편리한 시간을 확인해 둔다.

■ 전화메모 필수 사항

- 전화를 받은 일시
- 찾는 사람의 이름
- 상대의 회사명, 부서명, 이름

- 용건
- 상대방이 다시 걸 것인지, 이쪽에서 걸어야 할 것인지 여부와 후자의 경우 상대방의 연락처
- 전화를 받은 사람의 이름

전언은 정확해야 한다. 용건을 물을 때는 언제, 어디서, 누가, 무엇을, 왜, 어떻게 5W 1H에 맞춰 정확히 적는다. 전언 메모는 전달해 줄 사람의 책상 위에 보기 쉽게 올려 두고 당사자가 돌아오면 구두로 "○○회사의 ○○○씨가 전화했었습니다."라고 전언이 있었음을 알려 준다.

상황별 전화 매너

- **전화가 잘못 걸려 왔을 경우**

  잘못 걸려온 전화를 받을 때 상대방을 나무라거나 무뚝뚝하게 끊어서는 안 된다. 전화를 잘못 건 쪽이 자신의 실수를 사과하기도 전에 상대방의 무례한 응내에 기분이 상하기 때문이다. 개인이라면 몰라도 회사는 언제 어떻게 상대와 연결 될지 모른다. "여기는 ○○회사입니다. 잘못 거신 것 같습니다."라고 공손히 응대하면, "참, 예의바르고 친절한 회사다."라는 인상을 갖게 된다. 이 또한 회사의 좋은 PR 기회가 된다. 또 회사의 다른 부서로 갈 전화가 잘못 걸려 왔을 때는 정중히 잘못 걸었음을 알려 주고 해당 부서로 연결시켜 준다.

- **찾는 사람이 부재중일 때**

  부재중일 때는 "○○○씨는 지금 외출 중이신데, 급한 용건이라면 연락을 취해 볼까요?"라고 물어 상대에게 성의를 표한다. 외출 처를 모르는 경우에는 "○○○씨가 돌아오시면 전화를 걸도록 하겠습니다."라고 말하고 연락할 방법을 알아둔다.

- 통화 중에 상대를 기다리게 해야 할 경우

통화 중 상대의 질문에 대한 답변 자료 조사로 시간이 걸릴 듯 한 경우, 다른 용무와 겹친 경우, 혼자서 처리할 수 없는 경우에는 "죄송합니다만, 곧 다시 걸겠습니다."하고 다시 걸도록 한다. 통화 상태로 상대를 오래 기다리게 하는 것은 예의에 어긋난다. 특히 장거리 전화의 경우 조금이라도 기다리게 해야 할 상황이면 다시 전화를 하겠다고 알린다. 이때 반드시 상대의 연락처를 확인하는 것을 잊지 말아야 한다.

- 항의 전화를 받았을 경우

항의 전화를 받았을 때 같이 흥분하거나 화를 내지 않도록 주의해야 한다. 불평을 하는 사람과 대화 시는 잘 들어주는 것이 중요하다. 항의 내용에 대해서 그 자리에서 독단으로 판단해 처리하기보다 상황을 정확히 듣고 상사나 동료와 상의를 한 다음에 통보해 주는 것이 좋다. 독단으로 처리할 경우 또 다른 실수를 낳기 쉽기 때문이다.

- 전화가 도중에 끊겼을 경우

통화 도중에 전화가 끊어졌을 때는 건 쪽에서 다시 거는 게 원칙이지만 상대가 손님이나 상사일 경우에는 받은 쪽에서 먼저 전화를 거는 것이 좋은 인상을 준다.

■ 전화 기본 매너 4가지

- 마주 대화하는 것처럼 응대한다.

상대방이 눈앞에 있다고 생각하면 예의에 벗어난 언행을 삼가게 된다. 눈으로는 볼 수 없지만 말하는 사람의 태도도 목소리와 함께 전달된다는 것을 잊지 말아야 한다.

- 목소리가 듣기 힘든 경우

  상대방의 목소리가 잘 들리지 않을 때 "전화감이 꽤 먼 것 같습니다."라고 말한다. 또 잡음이나 혼선으로 통화가 불가능할 때는 다시 전화를 걸겠다고 한 후에 끊고 다시 걸도록 한다.

- 전화가 도중에 끊겼을 때

  통화 도중 갑자기 전화가 끊어졌을 때는 건 쪽에서 다시 거는 게 원칙이지만 상대가 상사이거나 손님일 경우에는 먼저 전화를 거는 것이 좋다.

- 전화를 끊을 경우

  전화를 끊을 때에는 건 쪽에서 먼저 끊는 게 원칙이지만 상사나 손님일 경우에는 상대방이 전화를 끊은 것을 확인 한 후 끊는 것이 예의이다. 이때 통화가 끝난 후 잠시 기다렸다가 수화기를 살며시 내려놓는다.

■ 사례별 전화 매너

회사 업무에 대하여 문의할 때 내용을 잘 모를 때는 그 일에 대해 잘 알고 있는 사람을 바꾸어 준다. 아는 내용이라 할지라도 담당자가 아닌 한 함부로 말하지 않는다. "실례지만 그 건에 대해서는 내용을 잘 아는 사람을 바꿔 드리겠습니다."라고 응대하는 것이 매너이기도 하지만 실수를 범하지 않을 수 있다.

■ 전화는

- 보이지 않는 전화 대화 속에서 상대방은 지금 당신의 자세나 어투를 느끼고 있다.
- 전화 대화를 통해 당신은 자신과 회사의 이미지를 평가받고 있다.
- 당신의 성의 있는 통화자세가 당신의 이미지와 회사의 이미지를 결정한다.

■ 바르지 못한 전화 매너

- 송화기를 막지 않은 채 바꾸어 준다.

전화를 연결하면서 통화자를 찾는 자신의 목소리가 상대방의 수화기에 들리는 것은 결례이다. 송화기를 막든지 대기 버튼을 눌러 둔다. 어떤 경우에는 전화를 받고 싶지 않을 때도 있기 때문에 이쪽의 대화 내용이 상대방에게 들리지 않도록 조심해야 한다.

- 잘못 걸린 전화를 그냥 끊는다.

잘못 걸려 온 전화도 정중하고 친절하게 응대하여야 한다. 일이 한창 바쁠 때 잘못 걸려온 전화를 받게 되면 무뚝뚝하게 대꾸를 하기 쉬운데 어떤 전화이든 친절하게 받는다는 의식을 평소에 지니도록 한다. 정중하고 친절한 응대는 회사 이미지를 높이는 좋은 PR의 하나이다.

- 장시간 통화를 한다.

별다른 용건도 없는데 오랫동안 전화를 붙들고 있는 것은 주변 사람들을 불편하게 만드는 요소이다. 통화가 길어질 때는 양해를 얻는 것이 필요하다.

- 사적인 통화를 한다.

회사 내에서는 사적인 전화는 되도록 피한다. 사적인 전화를 해야 할 경우에는 쉬는 시간이나 점심시간에 핸드폰을 이용하는 것이 회사와 동료들에 대한 매너이다. 또 외부에서 사적인 전화가 걸려 왔을 때라도 간단히 용건만 이야기 하도록 한다.

* 사례별 전화응대 매너

사 례	응대 매너	응대 표현
통화를 원하는 지명인이 부재중일 때	부재 이유를 말하고 상황에 따라 적절하게 대응한다.	"외근 중이신데 ○경에 돌아오실 예정입니다. 그때 다시 전화주시겠습니까?" "잠시 자리를 비우셨는데 들어오시는 대로 전화 드리도록 하겠습니다."
	용건을 대신 듣고 나중에 통화 지명인에게 전달한다. 용건에 따라서 대신 응대할 사람을 바꾸어 준다.	"전할 말씀이 있으시면 제가 대신 전해 드려도 되겠습니까?" "○○○씨 바꾸어 드릴 테니 통화하시겠습니까?"
통화를 원하는 지명인이 다른 전화를 받고 있을 때	상대에게 통화중이라는 사정을 말하고 기다려 달라고 양해를 구한다. 너무 오래 기다리게 할 때에는 다시 한 번 양해를 구하고 더 기다릴 것인지 다시 전화를 할 것인지 상대방의 의사를 묻는다.	"지금 통화 중이신데 잠시 기다려 주시겠습니까?" "대단히 죄송합니다, 생각보다 통화가 길어지는데 잠시만 더 기다리시겠습니까?" 아니면 "통화가 끝난 뒤 전화를 드리도록 하겠습니다."
통화를 원하는 지명인이 부재중에 전언을 부탁받았을 때	5W 1H에 의해 용건을 정확히 메모한 후 가능한 한 빨리 지명인에게 알려 준다.	"전하시는 용건 잘 알겠습니다. ○○○씨에게 그렇게 전하도록 하겠습니다."
고객과 대화 중 전화가 왔을 때	고객에게 "실례합니다."라고 양해를 구하고 전화를 받는다.	"죄송합니다만 지금 고객과 상담 중이라 잠시 후 전화를 드리도록 전하겠습니다."

제4절 고객과의 커뮤니케이션

말은 말하는 사람의 내면의 이미지를 보여주는 중요한 요소이다. 말을 잘 전달하는 것보다 잘 들어주는 매너가 더 중요하다.

또한 말씨를 어떻게 잘 사용하는가에 따라 고객에게 미치는 영향은 달라진다. 언어 표현 효과를 높이기 위한 방법으로는

- 상대와 장소에 따른 적절한 언어 표현을 해야 한다.
- 듣는 사람의 입장을 고려해 알맞은 언어를 사용해야 한다.
- 애매한 표현으로 정확한 전달이 안 되는 단어는 주의해야 한다.
- 상대방이 꺼리는 화제를 거론하지 말아야 한다.
- 개인적 감정을 넣은 언어는 피하도록 한다.
- 속마음과 다르다는 식의 인상을 주지 않도록 한다.

1. 시각적(비언어적) 표현

내부 청결도, 인테리어, 직원들의 용모, 복장, 자세 등 시각적으로 전달되는 것도 비언어적 표현이다. 대화를 나누기 전에는 비언어적 요소로 선입감을 주기도 하므로 중요하다.

■ 부정적 표현을 전달하는 요소

- 고객과 밀착되는 듯하며 신체 부분을 만지거나 손으로 치면서 대화하는 것
- 자신의 몸을 긁거나 머리카락, 얼굴을 만지면서 말을 하는 것
- 자신의 입술을 물거나 입 근처에 손을 대는 것
- 손가락으로 책상을 두드리거나 볼펜, 핸드폰을 만지작거리는 것
- 시선을 다른 곳에 두고 대화를 하는 태도
- 힐끔 보거나 고객을 아래, 위로 훑어보는 듯 한 시선
- 놀랍다, 이상하다는 듯 동공을 확대시키거나 말할 때 얼굴을 찡그리는 것

위의 사항들은 아무 감정 없이 한다고 하지만 상대는 부정적이고 불쾌감을 가질 수 있는 요소들이다. 이런 자세나 태도가 습관이 되지 않도록 유의해야 한다.

2. 청각적(언어적) 표현

청각적으로 이루어지는 소통에는 듣기와 말하기가 있다. 어떤 말을 어떻게 하느냐도 중요하지만 상대의 말을 어떻게 들어주느냐가 대화 시 더 중요한 요소이다. 누구나 자신의 말을 잘 들어주는 사람에게 호감이 가고 마음이 열리는 것은 당연하기에 고객들의 마음이 열리게 하는 경청스킬을 갖추어야 한다.

1) 단순 듣기와 경청은 다르다.

잘 들어 준다지만 아무 반응이 없다면 상대는 자신의 말을 듣고 있지 않다, 자신에게 성의가 없다는 생각을 갖게 될 수 있다. 이런 듣기는 잘 들어주고도 소통이 되지 않는다는 결론을 초래해 당황스러워지기도 한다.

상대가 자신의 말을 잘 듣고 있고 자신을 소중하게 생각한다는 경청의 스킬을 갖추어야 한다. 경청은 말을 하는 사람을 바라보며 고개를 끄덕이거나 동조나 긍정의 눈빛을 보이며 틈틈이 맞장구를 쳐 주며 듣는 것이다.

■ 공감적 경청방법 5가지

- 몸으로 듣는다.
  내가 고객의 말을 경청하고 있다는 것을 긍정적 표정과 신체로 표현한다.
- 눈으로 듣는다.
  고객에게 편안한 시선을 전달하며 고객을 끄덕인다.
- 입으로 듣는다.
  고객의 말을 잘 듣고 있다는 표현을 '아~ 네에~ 많이 속상하셨겠네요' 등의 언어로 표현한다.

- 질문으로 듣는다.

  고객님의 말씀은 예약이 제대로 안되셨다는 말씀이시죠? 라고 질문으로 듣는다.

- 메모로 듣는다.

  고객의 말을 경청하며 잘 듣고 있다는 표현으로 중요사항은 메모를 한다.

■ 질문을 통한 대화

질문은 상대의 의중 파악하게 되어 상대에 욕구와 요구에 맞게 대화를 유도해 나갈 수 있는 힘을 갖게 된다. 질문에는 개방형, 선택형, 확인형 질문이 있다. '개방형 질문'은 고객이 자유롭게 의견이나 정보를 말할 수 있도록 묻는 질문이고 '확대형 질문'이라고도 한다. '선택형 질문'은 고객에게 네, 아니오 로 대답하거나 단순한 사실이나 몇 개 중 하나를 선택하게 하는 질문이다. '확인형 질문'은 고객의 입을 통해 확인받는 질문이다.

■ 질문의 힘

- 질문을 하면 답이 나오게 할 수 있다.
- 질문은 생각을 자극하여 의중을 파악할 수 있게 한다.
- 질문을 하면 상대가 귀가 열리게 된다.
- 질문을 하고 상대라 답을 하는 동안 효과적 응대에 대한 답을 얻을 수 있다.

■ 대화 시 유의 사항

- 상대가 이야기 할 때 중간에 말을 끊지 않는다.
- 상대가 이야기 할 때 다른 곳을 주시하지 않는다.
- 상대 이야기가 흥미 없거나 인정하고 싶지 않다는 듯 한 표정을 짓지 않는다.
- 경청을 하고 있다는 듯 고개를 상하로 끄덕이는 경우 무성의하게 끄덕이

지 않는다.

- 말끝을 흐리며 부정적이며 불확실한 인상을 주지 않는다.
- 너무 오버된 제스추어나 맞장구 표현을 하지 않는다.
- 호칭 사용을 정확하고 예의 바르게 해야 한다.(저기요, 호칭없이 음~ 등)

2) 효과적인 언어표현

가. "나"전달 화법

고객에게 말을 할 때 나 혹은 우리가, 고객을 위해 혹은 고객과 함께 할 수 있는 것에 초점을 두어야 한다. "손님이…"하는 단어도 도전적으로 들릴 수 있다. 반면 "저는…" 하는 단어는 책임 의식을 전달 할 수 있다. "손님이 잘 모르셨군요…"라는 말보다 "제가 미리 말씀드리지 못해 죄송합니다."라는 식이 도전적인 자세를 취하지 않아 바람직하여 문제 해결에 도움이 된다. '나 전달법'은 내 입장에서 느끼는 것을 상대방에게 말하는 것으로 "나는 ~를 하는 게 좋을 것 같나"라고 전달하게 되는 반면 '유 전달법(You Message)'은 상대방을 화자로 삼아 "너 때문이야", "너는 왜~"라는 말로 상대에 문제를 전가 시키는 느낌을 주게 된다.

나. 아론슨 화법

미국 심리학자 아론슨(Aronson)가 발표해 아론슨 화법이라 한다. 대화(상담)시 부정(−)과 긍정(+)의 내용을 혼합해야 하는 경우 부정적 내용을 먼저 말하고 끝날 때는 긍정적 내용으로 마무리 하라는 것이다. 예를 들어 '날씨는 흐렸지만(−), 기온은 적절(+)하다', '가격은 좀 비싸지만(−), 품질은 최고(+)다', '개업 연도는 짧지만(−), 고객 수와 매출은 높다(+)' 등으로 표현 해 뒷말(+)의 인상을 강하게 주어 상대에게 긍정의 인상을 남길 수 있는 표현법이다.

다. 쿠션 화법

쿠션화법은 말 그대로 편안한 쿠션처럼 부드럽게 표현하는 화법으로 쿠션어를 사용하였을 경우 더욱 공손해 보이며 기분 좋은 대화를 이끌 수 있다. 죄송합니다만', '번거로우시겠습니다만', '실례합니다만', '바쁘시겠습니다만', '괜찮으시다면' 등의 쿠션어를 사용하여 고객에게 전달되는 느낌이 편안하고 존중받고 있다는 느낌을 전달하게 된다.

라. 신뢰 화법

신뢰화법은 신뢰감을 줄 수 있는 언어를 전달하는 화법으로 '이쪽에서 도와드리겠습니다', '이쪽으로 안내해 드리겠습니다', '저희 담당자가 해결해드리겠습니다' 등의 표현법이다.

마. 레어드 화법

레어드 화법은 의뢰나 질문형식으로 바꾸어 말하는 화법으로 '이쪽에 앉으시겠습니까?' 이쪽 자리 괜찮으십니까? 등의 표현법으로 고객의 의견을 존중하는 느낌을 전달할 수 있다.

바. 칭찬 화법

'고객님, 오늘 스카프가 화사하네요', '고객님, 오늘 의상이 정말 멋지네요 센스 있으세요' 등의 칭찬을 플러스하여 표현하는 화법으로 고객을 기분 좋게 하는 언어표현이다.

3) 고객 서비스 시 기본 언어표현

■ 고객을 맞이 시

- "어서 오십시오." "어서 오세요"
- "안녕하십니까?" "안녕하세요?"
- "어떻게 오셨습니까?"

- "무엇을 도와드릴까요?"

■ 용건을 받아들일 때

- "감사합니다."
- "네, 잘 알겠습니다."
- "네, 손님 말씀대로 처리해 드리겠습니다."

■ 감사의 마음을 나타낼 때

- "매번 감사합니다."
- "항상 저희 회사를 이용해주셔서 감사합니다."
- "멀리서 와주셔서 감사합니다."

■ 질문이나 부탁할 때

- "죄송합니다만, 주소를 말씀해 주십시오."
- "죄송합니다만, 성함이 어떻게 되십니까?"
- "죄송합니다만, 제게 주시겠습니까?"
- 번거로우시겠지만, 제게 말씀해 주시겠습니까?

■ 기다리게 할 때

- "잠시 기다려 주십시오."
- "죄송합니다만, 5분만 더 기다려 주십시오."
- "책임자와 상의해서 곧 처리해 드리겠습니다.

■ 고객 앞에서 자리를 뜰 때

- "잠깐 실례하겠습니다."
- "죄송합니다만, 잠시 기다려 주십시오."

■ 고객으로부터 재촉 받을 때

• "대단히 죄송합니다만, 곧 처리해 드리겠습니다."
• "대단히 죄송합니다만, 잠시만 더 기다려 주십시오."

■ 고객을 번거롭게 할 때

• "죄송합니다만…"
• "번거롭게 해드려서 죄송합니다."

■ 불평 할 때

• "네, 그렇게 생각하시는 것이 당연합니다만…"
• "다시 확인해 보겠습니다. 자심만 기다려 주십시오."
• "네, 옳으신 생각이십니다만…"

■ 용건을 마칠 때

• "대단히 감사합니다."
• "오래 기다리셨습니다. 감사합니다."
• "바쁘실 텐데 기다리시게 해서 정말 죄송합니다."

■ 계절인사

• "좋은 날씨입니다."
• "비가 오는데 오시느라 수고 많으셨습니다."
• "길이 미끄러운데 조심히 가십시오."

■ 고객에게 거절할 때

• "정말 죄송합니다만…"
• "말씀 드리기 어렵습니다만…"

■ 상급자와 면담을 요청할 때

- "죄송합니다만, 누구시라고 전할까요?"
- "죄송합니다만, 어디시라고 전할까요?"

■ 고객 감동을 위한 실천 방안

- 고객의 요구와 욕구에 세심하게 관찰하고 파악해라.
- 고객의 입장에서 이해하고 판단하라.
- 고객 지향적 사고와 프로의 자세를 가져라.
- 고객 유형에 맞는 맞춤 서비스를 제공해라.
- 고객 만족이 충성 고객으로 이어진다는 안이한 생각을 하지마라.
- 불만을 담고 있는 고객일수 있다는 가정을 놓치지 마라.
- 차별화된 가치를 가질 수 있도록 매력적인 고객경험을 제공하라
- 불만 고객에게 감사한 마음을 갖고 성의 있게 신속히 처리되도록 노력해라.

제5절 불만 고객 응대와 사후 관리

불만을 토로하는 고객 중에도 다시 찾고 싶은 심리가 있는 고객이 있다. 불만이 해소되면 다시 찾게 되는데 불만이 가중되어 클레임으로 번지게 되면 영원히 떠나게 되는 것은 물론이거니와 불만에 대한 구전으로 다른 고객들에게 전염시킬 수 있어 주의를 기울여야 한다.

불만을 표현하지 않는 고객이 모두 만족하고 있는 것은 아니다. 그런 고객 중에는 다시는 찾지 않으려는 마음을 가지고 있을지도 모른다. 불만을 표출하지 않는 고객이라고 안심하고 안이하게 대해서는 안 된다.

2006년 와튼스쿨의 불만 고객 연구 보고서를 보면 침묵하는 고객 중 불만을 내포하고 있는 고객이 많다는 것을 알 수 있다.

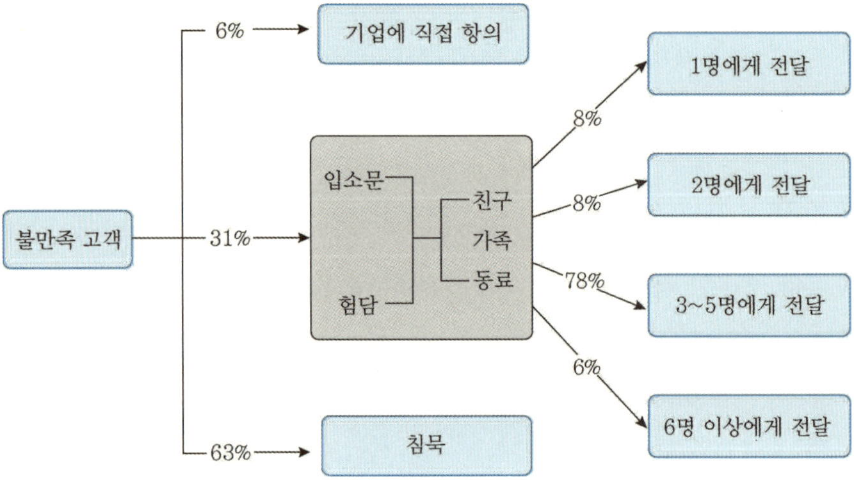

불만을 표출하지 않는 위험한 고객들을 보면

- 불만을 말하는 것이 불편하다.
- 불만을 토로하면 내 이미지만 나빠질 것 같다.
- 불만을 이야기 해 오히려 불이익을 당할지도 모른다.
- 안 가면 되지 번거롭고 귀찮게 왜 말을 하는가?

등의 이유가 있을 수 있다. 불만을 표현하는 고객보다 폭탄을 지닌 위험 고객이라 할 수 있다.

서비스에 100-1=0, 99+1=200이라는 공식이 있다. 100명중 99명에게 만족을 주고 1명이 불만족 했는데 답은 0이 되는 것은 불만족한 1명으로 인해 만족한 99명 모두 잃을 수 있고 99+1=200은 99명에겐 단순 만족을 주었지만 1명의 고객에게 큰 감동을 주면 200명의 고객으로 이어질 수 있다는 말이다. 큰 만족이나 불만은 구전으로 인해 더 큰 손해나 이득의 부메랑을 맞게 된다는 것이다.

미국 품질관리학회[ASQC]의 조사에 따르면 불만족 원인이 제품의 불만 14%, 경제적 이유 9%, 주변사람의 영향 5%, 이사 3%, 사망 1%이며 가장 큰 이유는 직원의 불쾌한 태도 68%였다. 제품에 대한 불만보다 인적 서비스에 대한 불만이 가장 큰 요인이었고 이것이 불만을 넘어 클레임 고객으로 더 나아가 악플러가 되기도 하여 다른 고객들에게 영향을 끼치기도 한다. 고객의 불만요소를 잘 파악해 신속히 불만 해소를 이루고 일반 고객으로 전환시키는 것은 물론이고 불만의 해소가 감동으로 이어지게 하는 것은 서비스 맨의 능력과 자질이라 하겠다.

■ 기업에 대한 고객의 불만 원인 분석

	기업	고객
업무적	• 담당 직원의 업무지식 부족 • 설명 불충분, 의사소통 미숙 • 업무처리 미숙, 지연 • 고객감정에 대한 배려 부족 • 서비스 정신 결여	• 회사 업무에 대한 지식 부족 • 착오, 과실 • 감정 • 고의, 악의
심리적	• 바쁘다(귀찮다) • 회사의 규정을 어길 수 없다. • 특별대우를 할 수 없다. • 서비스에 문제가 없다. • 자신이 전문가라는 우월감	• 업무처리 지연에 대한 초조감 • 고객이 왕이라는 우월감 • 제품이 여기뿐이냐는 비교심리 • 문제에 대한 항의, 자존심 손상 • 열등의식

■ 히든 클레임의 공포 – 굿맨(Goodman) 법칙

- 굿맨법칙1 : 자신의 불만을 해결하여 만족하게 된 고객은 불만을 갖고 있지만 토로하지 않는 고객에 비해 재 구입 가능성이 높다.

- 굿맨법칙2 : 고충처리에 불만을 품은 고객의 비우호적인 소문의 영향은 만족한 고객의 호의적인 소문의 영향에 두 배나 강하게 판매를 방해한다.
- 굿맨법칙3 : 소비자 교육을 받는 고객은 기업에 대한 신뢰도가 높아 호의적인 소문의 파급 효과가 기대될 뿐만 아니라 상품의 구입의도가 높아져 시장 확대에 공헌한다.

1) 고객의 불평, 불만처리의 기본 마음가짐

- 불평, 불만을 하는 고객 입장을 이해하고 대한다.
- 고객의 불만사항을 진지하게 인내심을 갖고 경청한다.
- 고객의 불만사항의 요지를 정확히 파악하려는 신중성을 갖는다.

2) 처리원칙 및 기본 응대 자세

고객의 불만은 회사의 서비스 변화와 발전에 도움이 되는 소중한 정보라는 것을 잊지 말고 감사한 마음을 가지도록 해야 한다. 모르고 있으면 불만족이 가중 될 수 있는 요소를 지적해 주고 알려주는 것은 기업 입장에서는 서비스 점검을 위한 비용 절감과 서비스 실패를 줄이는 아주 중요한 정보임은 틀림없다.

- 불만 상담 창구는 동일하다.
- 고객의 입장에서 응대한다.
- 끝까지 경청한다.
- 회사를 대표하는 마음으로 한다.
- 반드시 경영자에게 보고한다.

■ 기본자세

- 한발 양보하는 자세
- 정확한 원인을 파악하고 분석하는 자세
- 신속하고 적극적으로 처리해 주려는 자세

- 적극적으로 해결한 다음 그 결과를 검토하는 자세
- 고객에 대한 선입견 배제
- 고객의 불평, 불만의 전반적 사항을 정확히 이해
- 불평사항 메모하는 성의 있는 태도

■ 고객 불평 처리 기본 매너

- 먼저 사과 한다.
  고객이 불평할 것이 아닌데 불평을 한다 하더라도 화가 나 있는 것에 대한 사과의 표현부터 해야 한다. 이런 자세가 화난 고객의 마음을 진정시키는 방법이다.
- 고객의 말을 끊지 않도록 주의하며 성의 있게 경청한다.
- 고객 입장이 되어 생각해 본다.
- 변명을 하지 않는다.
- 고객 관점의 표현으로 공감대를 만든다.
- 불만고객은 정면보다 어깨를 나란히 마주하는 자세를 취한다.
- 침착한 언행을 보인다.
- 불평 처리의 MTP 기법으로 해결 한다.
  ① 사람을 바꾼다(Man).
  ② 시간을 바꾼다(Time).
  ③ 장소를 바꾼다(Place).

불만을 만들거나 불만 상담을 최초 응대한 직원과 해결되지 않는 경우는 담당과 장소를 바꾸는 것이 좋다. 담당을 바꾸는 경우는 불만 고객은 더 높은 사람이 자신의 불만 해소 상담과 처리를 해 주길 원하기도 한다. 이럴 때는 책임자가 해결을 돕도록 연결 해 주도록 한다.

다른 담당자로 바꾸어 주는 경우는 고객이 불만사항을 다시 말해 화가 더 가중되지 않도록 담당자에게 설명을 하여 바로 처리 응대로 들어가도록 해야 한다.

- 고객과 합의한 대안은 성실하고 성의 있게 실천한다.
- 언제 어떻게 해결 해 줄 것인지 답을 주어야 한다. 단 자신의 선에서 바로 답을 줄 수 없는 경우는 답을 구하기 위해 걸리는 시간과 상황에 대해 자세히 설명하고 양해를 구하며 고객이 기다려 줄 수 있게 리드해야 한다.

■ 고객 불평 처리의 원칙

방 법	원 칙
① 원인 파악의 원칙 ② 신속 해결의 원칙 ③ 우선 사과의 원칙 ④ 불논쟁의 원칙	• 클레임의 원인을 정확히 알아야 한다. • 가능한 빠른 시간에 해결해야 회사 입장에서도 좋다. • 클레임을 건 고객은 우선 화가 나 감정이 좋지 않다는 것을 이해해야 한다. • 회사의 잘못이 아니더라도 고객의 말꼬리를 잡거나 잘잘못을 따지지 말아야 한다.

■ 고객 불평 처리 기법

단 계	내 용
1단계 : 사유를 듣는다.	• 고객의 감정을 파악한다. • 끝까지 듣는다. • 반드시 메모한다. • 선입관을 버리고 겸허하게 듣는다. • 절대로 피하지 않는다.
2단계 : 원인을 규명한다.	• 업무적 측면 • 심리적 측면 • 복합적 측면
3단계 : 해결책을 강구한다.	• 신속한 응대 • 책임한계의 명확화 • 예의 있게 잘못을 시정 • 조기 진단
4단계 : 결과를 알려주고 효과를 검토한다.	피드백

■ 불만을 가중시키는 응대

- 고객을 무시하듯 대한다.
- 고객을 의심한다.
- 고객 흉을 보듯 한다.
- 함께 흥분한다.
- 다른 고객과 비교한다.
- 책임 회피를 하려든다.
- 규정과 법률을 들먹인다.
- 앞에서만 달래듯이 성의 없이 사과하며 응대한다.

위의 모습은 작은 불만에 불을 지펴 큰 불만으로 번지게 하고 클레임으로까지 가게 하여 기업이나 서비스맨에게 큰 화가 미치게 할 수 있으므로 주의하여야 한다.

3) 유형별 불만고객 응대법

■ 확신형

자신의 생각은 옳고 정확한 것만 알고 있다고 생각하는 유형이다. 알고 있고 생각하는 것과 틀리면 불만을 표시하게 된다. 불만을 표현하면서 자신이 맞다고 우기며 직원의 말에는 귀를 기울이려 하지 않는다. 이런 유형에게는 서비스맨이 전문적이고 프로라는 인상을 주어야 한다. 그렇지 않다면 고객에게 끌려가며 불만을 더 가중시킬 수 있다. 고객이 불만을 늘어놓는 도중 말을 끊으면 자신을 '못 믿는다', '무시 한다'의 감정 전달을 받아 불만 지수가 높아지게 되므로 진지하게 인내를 갖고 끝까지 잘 들어 주어야 한다.

■ 친밀형

자신은 단골 고객이라 생각하는데 단골 고객으로서 대우를 못 받는다는 생각이 들면 대우 개선을 위해 다른 서비스에 대해 불만을 표출하기도 한다. 자주 오는 고객이라 친밀성이 있더라도 고객이라는 점을 잊지 말고 기본 매너를 지키며 응대해야 한다.
"괜히 투정 부리시는 거죠?", "고객님이 이러실 줄은 몰랐네요." 등 말을 하며 스킨십으로 친밀감을 보이는 언행을 해서는 안 된다. 친할수록 매너를 지키라는 말처럼 기본 매너를 지키며 진짜 불만이 있는지, 자신을 잘 알아주지 않아 섭섭함을 간접적으로 드러내는 것인지의 속마음을 정확히 파악하고 신속히 응대해야 한다.

■ 도도형

도도형의 고객은 격식에 맞추어 응대 하지 않거나 전문가답지 않게 응대한다면 자신의 격까지 떨어진다는 생각이 들게 되어 불만을 들어내게 된다. 격이 있는 언행으로 상대를 높여 주어야 하며 인정받고 있다는 인상을 주어 정중하고 진심이 보이는 사과의 표현을 시작으로 단계별로 불만 응대를 해 나가야 한다.

■ 소심형

소심형은 불만을 조심스럽게 표현하는 경우와 남을 통해 불만을 표현하는 두 가지 경우가 있다. 다른 사람을 통해 불만을 토로하면 응대를 통해 해결 방안을 찾을 수 있지만 다른 고객들이 공유하는 인터넷상에서 표현하면 불만사항이 전파되어 조심스러운 유형이다. 말을 하진 않지만 표정이 굳어 있거나 응대 시 반응이 없거나 부정적인 반응을 보인다면 불만을 갖고 있다 판단하고 불만 요소를 신속하게 찾아내도록 해야 한다. 단, "불만이 있으시죠?", "말씀을 해야 알죠" 등으로 소심한 고객의 성격을 드러내며 표현하는 것을 삼가야 한다.

■ 불만형

불만스러운 언행이 습관이 된 사람과 진짜 불만이 있어 표현하는 경우가 있다. 후자인 경우 불만 사항에 대해 언급하며 말을 하는 경우와 이것저것 트집을 잡으며 불만표현을 하는 경우가 있다. 불만 사항을 꼭 찍어 말을 하지 않아도 불만 사항을 정확히 파악해 내야 한다. 그렇지 않으면 불만 요소가 늘어나게 되어 클레임으로까지 번지게 할 수 있다.

전자이든 후자이든 고객이 불만스러운 언행을 한다고 서비스맨의 표정이 굳거나 변하지 않도록 해야 한다. 물론 이런 고객에게 웃으며 응대하면 자신을 우습게 본다는 생각이 들어 화가 더 치밀어 오를 수 있다는 것을 염두에 두어야 한다.

4) 불만 고객 사후관리

'새로운 고객을 얻는 데 10분이 걸리지만 한 번 잃은 고객을 다시 찾는 데는 10년이 걸린다'는 말이 있다. 고정 고객, 단골 고객이 불만 해소가 안 되어 떠나게 되면 다시 고객의 이름으로 돌아오지 않을 수 있다는 것을 생각하고 불만 해소뿐이 아닌 사후관리도 소홀히 해서는 안 된다.

하지만 나쁜 고객과 불만 고객은 다르다는 것을 잊지 말아야 한다. 블랙컨슈머(black + consumer)는 악의적이고 상습적으로 민원을 제기해 기업에 피해를 주는 고객을 말한다. 블랙컨슈머라는게 확인되면 기업 입장에서는 고객 명단에서 정리하는 것이 현명한 길이지만 몇 번 불만을 표현하는 고객을 쉽게 블랙컨슈머라며 정리 대상으로 만들어서는 안 된다.

■ 사후 관리를 하기 위해서는

- 불만에 대한 정확한 파악으로 고객의 불만을 완전히 해소시켜야 한다.
- 불만 고객은 기억하고 신중하게 응대하고 관리해야 한다.
- 불만이 만족으로 전환되었는지 신속 정확히 파악 관리해야 한다.
- 똑같은 불만이 발생하지 않도록 해야 한다.

• 불만족 기억이 지워지도록 해야 한다.

■ 유형별 불만고객 사후 관리

• 확신형

불만 응대 시 언제 어떻게 누가 처리 해 줄 것인지에 대한 정확한 답을 주어야 한다. 불만 처리 후 불만 처리 과정에 만족하는지 미흡한 부분이 무엇인지 질문을 통해 알아본다면 업무를 확실히 하는 곳이라는 신뢰를 갖게 되어 다시 재방문 고객이 될 것이다.

• 친밀형

불만 처리 후 더 친밀해졌다는 인상을 주는 것이 좋다. 고객을 위한 작은 선물이나 문자 등을 통한 사과와 감사의 인사 표현으로 고객에게 정을 갖고 있다는 느낌을 전달하여 다시 친밀 고객으로 남게 될 것이다.

• 도도형

예의를 갖추고 정중히 처리한 후 다시 한번 정중히 사과를 하며 불만 처리 과정이나 결과에 만족하는지 알아보는 것이 좋다. 불만 처리는 되었지만 연락이 없다면 자신을 고객으로 생각하지 않는다는 것에 또 마음이 상할 수 있다.

• 소심형

불만 처리 후 바로 연락을 주어 만족한 결과였는지 알아보는 것이 좋다. 시간이 오래 지난 것 같은데 연락이 없다면 소심한 고객은 불만을 표출해 자신을 미워하거나 오지 말라는 뜻이라고 생각해 버릴 수 있다는 것을 깊이 생각해 보아야 한다. 작은 것에도 깊이 생각하는 유형이므로 대면 시 불만 고객이었다는 것을 기업 입장 에서는 기억하지 않는다는 인상을 주는 것이 좋다.

- 불만형

  처리 과정이나 결과에 만족한지 알아보기 위해 전화나 문자를 보내는 경우 상대가 답을 하지 않는다면 두 번 물어보지 않는 것이 좋다. 처리는 잘 되었지만 화가 안 풀렸다는 무언의 답일 수도 있고 확인 전화 자체도 짜증스럽게 생각할 수 있기 때문이다. 같은 질문을 두 번 하지 말고 상대가 답이 없다면 다시 한번 정중히 사과드리며 똑같은 일이 발생하지 않도록 주의하겠다는 말이나 문자를 주는 것으로 끝내는 것이 효과적이다. 고객이 화가 풀려 다시 찾는 경우 진심으로 반갑고 다시 좋은 관계를 이어나가도록 노력하겠다는 인상을 주며 성의 있는 서비스를 해야 한다.

■ 칼 알브레이드는 시비스의 7대 죄악(The seven Sins of Service).

1. 무관심(Apathy)
   - 나와는 관계없다는 식의 태도(고객이 창구에 다가와도 쳐다보지 않는 경우)
2. 무시(Brush –off)
   - 마치 먼지를 털어내듯이 고객의 요구나 문제를 못 본척 하고 고객을 피하는 일
3. 냉담(Coldness)
   - 고객에게 '귀찮으니 저리 좀 가주세요'라는 식의 적대감, 무뚝뚝함(퉁명스러움), 친근하지 못함, 고객사정을 고려하지 않음, 조급성을 표시하는 것
4. 건방떨기, 생색(Condescension)
   - 의사가 환자를 다루듯이 생색을 내거나 어딘지 모르게 건방진 태도
5. 로봇화(Roboyism)
   - 종업원이 완전히 기계적으로 응대하므로 고객 개인사정에 맞는 따뜻함이나 인간미를 전혀 느낄 수 없는 태도

6. 규정핑계(Rule Book)

• 고객만족보다는 조직의 내부규정을 앞세우기 때문에 종업원이 재량권을 행사하거나 예외를 인정할 수 없어 상식이 통하지 않는 경우

7. '뺑뺑이' 돌리기(Run around)

• '죄송합니다만 ○○으로 가 주십시오, 여기는 담당이 아닙니다.' 식으로 고객을 뺑뺑이 돌리는 태도

위의 서비스 7대 죄악 중 우리 기업(서비스 맨)은 몇 가지가 포함될지 고객입장이 되어 날카롭게 파악하고 점검할 필요가 있다.

Specialist

서비스 코디네이터

Ⅲ

서비스 경영

서비스 산업이란 존재 하지 않는다.

다른 산업보다 서비스 적인 요소가 많은 산업과 적은 산업이 있을 뿐이다.

어떤 사업이든 서비스와 관계가 있다.

– 시어도어 레빗, 하버드 대학 교수 –

Ⅲ

서비스 경영

제1절 서비스 경영

고객 만족이 아닌 고객 감동 서비스에서 고객을 까무러치게 해야 한다는 말까지 나올 정도로 고객 서비스에 대한 관심과 중요성이 부각되고 있다. 이것은 생존과 연결되기 때문이다.

이런 맥락에서 서비스마케팅, 서비스 매니지먼트가 경영 차원에서 중요한 부분이 되었고 기업과 서비스맨이 경쟁 업체와의 차별화 서비스 전략을 이루기 위해 고군분투 하고 있는 것이다.

'○○에 가면 재미있게 서비스를 한다', '○○에 가면 서비스가 독특하다', '그 병원은 뭔가 다르다' 등의 서비스 성공 사례를 듣게 되면 위해 벤치마킹을 하려 한다.

하지만 병원에서 환자나 보호자를 즐겁게 해 주기 위해 외식업체의 재미있는 서비스를 흉내 낸다면 어떻게 되겠는가? 완치가 되어 나가는 환자나 보호자는 여유로움에 웃을 수 있지만 응급차에 실려 온 환자나 보호자에게는 '기만'과 '놀림'의 단어를 떠올리게 할 것이다.

어느 닭갈비집에 가면 서비스 맨이 백설공주, 스파이더맨 등의 독특한 복장과 특유한 말투로 고객들의 시선 집중과 웃음을 유발시켜 고객들이 줄을 선다고 한다. 그런데 고급 한정식 집에 이런 웃기는 서비스 경영을 접목시킨다면 고객들의 반응은 어떠할까?

'고객 우롱', '품위 절하', '가격 배신' 등의 단어를 떠올리며 고객들은 외면하게 될 것이다.

고객이 다시 찾게 하고 더 나아가 충성 고객 확보를 하여 서비스 성공을 이루려면 업종과 찾는 고객 분포, 유형에 따른 서비스를 개발하여 디자인 해 가야 한다.

또한 기업(서비스 맨)의 입장에서의 친절한 서비스가 아닌 고객 입장에서 편하고 기쁨을 느낄 수 있는 서비스를 제공하는 것이 진정된 서비스라 할 수 있다.

성공적 서비스 경영을 하려면

- 관리자부터 솔선수범하는 서비스 의식이 있어야 한다.

  고객을 대하는 직원들에게만 친절을 강조하며 서비스 강요를 한다면 위축되고 마음이 닫힌 직원들이 고객에게 진심과 성의 있는 서비스를 제공하지 못하게 되는 요인이 되고 만다.

  관리자부터 솔선수범하는 서비스 의식과 자세가 있어야 전파가 되는 것이다. 고객을 대할 때 서비스도 중요하지만 고객을 대하는 직원들에게 서비스를 제공할 줄 아는 것이 관리자의 덕목과 자질이라는 것을 인식해야 한다. 자신을 대우해 주는 회사나 관리자에게 감동 받는 직원은 그 기분을 고객에게 전달할 수 있다는 것을 잊지 말자.

• 직원들에게 융통성을 주어야 한다.

친절하지만 숨 막히는 서비스는 한번으로 족하다는 생각을 고객들은 가질 수 있다. 친절하려 하는 것이니 받아들이라는 것은 강요이다. 상황과 고객에 따라 융통성 있는 서비스를 제공할 수 있도록 서비스 맨의 지위고하를 막론하고 융통성을 주어야 한다. 고객 입장에서 자신을 대하는 직원이 힘이 있다고 느낀다면 서비스 품질도 높아지게 되는 것은 당연하다.

• 통일된 서비스를 제공해야 한다.

언제 어떤 고객이 오든지 통일된 서비스를 제공해야 한다. 단골이고 충성 고객이라 덤이나 추가 서비스를 제공할 수 있다. 하지만 일반적으로 고객들 입장에서 구매할 때와 구매 하지 않을 때 가끔 오는 자신과 단골 고객인 옆 사람과의 차별을 느낀다면 배신감을 갖게 되어 불신을 하게 된다.

예를 들어 어떤 직원은 제공하는 서비스를 다른 직원은 전혀 관심을 두고 있지 않거나 서비스를 제공 하지 않는다면 고객은 '상술적'이라는 인상을 받게 될 것이고 서비스를 제공하지 않는 직원이 자신(고객)에게 불만이 있거나 고객으로 대우를 하지 않는다는 불쾌감을 갖게 되어 다시는 찾지 않게 될 수도 있다. 자신들만의 서비스 매뉴얼을 만들어 기본 서비스 수칙을 지켜 어떤 직원이나 어떤 고객에게나 동일한 서비스를 제공한다는 이미지를 굳혀야 한다.

• 고객 관리 시스템이 있어야 한다.

정보 통신 발달로 큰돈을 들이지 않고도 시스템 구축이 가능하게 되었다. 고객별 관리를 할 수 있는 시스템으로 직원들이 고객을 바로 파악할 수 있게 해야 한다. 직원이 바뀌어 처음 오는 곳이라는 인상을 받게 되면 고객의 외면 대상이 될 수 있다. 장소나 직원이 바뀌어도 한번 온 고객은 기억해 주는 서비스 문화를 만들 시스템을 구축을 해야 한다.

- 하드웨어와 소프트웨어가 균형을 이루어야 한다.

맛 집이라 가고 싶은데 뭔가 찜찜한 기분은 식당의 청결이나 서비스하는 사람의 불친절 때문 일 수 있다. 분위기 좋고 너무 친절 해 가고 싶은데 영 입맛에는 맞지 않아 편하게 이야기 나누려는 사람들과는 아주 간혹 가보지만 썩 내키지는 않는다는 경우도 있다.

의사는 친절한데 간호사는 불친절 하고 반대인 경우도 있고 인적 서비스는 너무 좋은데 병원 내부가 청결하지 않아 나쁜 바이러스를 옮아 올 것 같다와 또한 그 반대 상황으로 발걸음을 안 하게 되기도 한다.

식당에 맛은 기본이고 병원에 치료나 처방을 잘하는 것은 당연한 기본이다. 이것이 차별화라고 할 수 없다. 경쟁시대에서는 차별화된 서비스를 잘 관리하여 하드웨어와 소프트웨어 어느 한쪽에도 소홀히 하지 않아야 한다.

- BS(Before Service)에 관심을 기울여야 한다.

AS(After Service)센터를 찾아 만족스러운 수선(정비, 교체 등)을 이루어 기업(서비스 맨)에게 만족감을 느끼게 할 수 만은 없는 시대가 되었다. AS(After Service)는 기본이다. AS를 받게 하지 않는 BS가 고객의 마음을 움직이게 할 수 있게 한다. 사전에 미리 제품이나 인적 서비스에 대한 철저한 파악으로 고객들에게 신뢰를 줄 수 있는 BS에 대한 사전 관리를 해 나가는 서비스 경영이 경쟁력을 갖게 할 수 있다.

사람 마음은 같은 것이라 하지만 서비스 맨의 입장과 고객이라는 명찰을 달 때와는 다르게 된다. 내가 만약 고객이라 생각 해 보자.

늘 갑의 위치에 있던 사람이 을이 되는 경우 자신에게 을이었던 사람들이 모두 자신을 갑으로 인정해 주지 않는다는 것은 그 입장이 되어 보아야 헤아릴 수 있는 것이다.

서비스 경영이라는 것이 거창한 것이 아니다. 동네 구멍가게에서도 서비스 경영을 잘 하면 대형 프랜차이즈 편의점보다 고객과 이윤 창출이 높아질 수 있다. 옛 상도에 '상인은 물건을 팔고 거상은 자기 자신을 판다'는 말이 있듯이 상업적, 영업적이지만 그렇지 않은 듯 고객을 생각하는 경영이 서비스 경영의 기본이라고 생각한다.

■ 비즈니스 성공을 위한 법칙

- 비즈니스의 목적은 고객창조다_목표의 법칙
- 기업의 목적은 고객만족이다_조직의 법칙
- 고객은 틀려도 옳다_고객만족의 법칙
- 고객은 가장 경제적인 것을 찾는다_고객의 법칙
- 고객은 최고만 원한다_품질의 법칙
- 존재하는 것은 이미 퇴화하고 있다_퇴화의 법칙
- 모든 발전은 혁신에서 시작한다_혁신의 법칙
- 약점이 성공을 한계 짓는다_성공 요소의 법칙
- 시장이 모든 것을 결정한다_시장의 법칙
- 고객은 전문화된 기술을 원한다_전문화의 법칙
- 경쟁자보다 우수해야 한다_차별화의 법칙
- 타깃 고객을 공략하라_분할의 법칙
- 틈새시장을 개척하라_집중의 법칙
- 일처리는 언제나 가장 뛰어나야 한다_우수성의 법칙

– Bryan Tracy의 "The 100 Absolustely Unbreakable Laws of Business Success"(2000) 중에서 –

제2절 서비스 마케팅

마케팅(Marketing = Market(시장) + ing(진행형))은 시장의 진행으로 변화 대응을 의미하며 소비자와 교감 속에서 이루어져야 한다. 서비스 마케팅은 무형성과 생산 소비의 동시성이라는 특징을 가지고 있으며 이 특성을 근거로 하여 전략의 필요성을 돌출해 낼 수 있다. 서비스 마케팅은 서비스를 통해 고객의 욕구와 요구를 충족시키는 활동으로 볼 수 있다. 고객 지향적 서비스로 고객 만족 경영과 고객 확보를 통해 이윤의 극대화를 이루게 하는 필수 요건이다.

1980년 이후 서비스 마케팅에 대한 관심이 대두되면서 서비스 품질과 서비스 접점과 같은 실질적인 문제가 연구되었다. 러브록(Lovelock, 1983)은 서비스 분류 체계를 제시하였고 파라수라만(Parasuraman), 자이다믈(Zeithaml), 베리(Berry)는 서비스 품질에 관한 GAP 모형을 개발하였다. 1986년 이후부터는 서비스의 특성에 관한 연구가 이루어졌다. 서비스의 독특한 특성인 무형성과 관련된 서비스 프로세스의 문제, 이질성과 관련된 서비스 품질관리, 비분리성과 관련된 종업원 관리 소멸성과 관련된 수요와 공급의 관리 등에 관한 부분이다.

서비스 마케팅은 기업이 고객에게 신뢰를 형성시키는 것이 가장 중요하다. 칼 알브레히트(Karl Albrecht, 1988)는 초우량 서비스 기업은 세 가지 요소로 서비스 삼각형을 가지고 있다고 한다. 삼각형의 각 꼭짓점에 기업, 고객, 제공자를 표시하고 있으며 성공적인 서비스를 제공하기 위해서는 서비스 마케팅 삼각형의 세 점 사이에 외부 마케팅, 상호작용 마케팅, 내부 마케팅의 세 가지 유형의 마케팅이 잘 수행되어야 한다는 것이다.

한국 마케팅협회에서는 '마케팅은 조직이나 개인이 자신의 목적을 달성시키는 교환을 창출하고 유지할 수 있도록 시장을 정의하고 관리하는 과정'이라고 정의한다.

피터 드러커(Peter Drucker)는 마케팅 활동은 다음과 같이 정의한다.

첫째, 대상을 명확히 선택하고 시장 파악을 해야 한다. 타깃 시장, 목표시장을 분명하게 선정하고 시장의 특성을 잘 파악하여야 한다.

둘째, 경쟁에서 독특하고 가치 있는 서비스를 고객에게 제공할 수 있는지를 판단한다. 기업의 생존은 고객 가치 창출에 의해 좌우된다.

셋째, 제공자 중심의 강요가 아닌 고객중심, 고객지향적인 방식으로 진행한다. 조직의 모든 역량이 고객 만족 경영으로 이루어져야 하고 고객의 눈에 보이는 혹은 잠재적인 수요의 만족이나 충족에 만족하지 않고 그 이상의 고객 만족을 지향한다.

넷째, 고객이 구입하는 제품과 서비스 자체보다는 그것을 어떻게 사용할 것인가, 그것으로 무엇을 할 것인가에 초점을 맞추어 마케팅을 전개해야 한다고 주장하였다.

다른 학자들의 정의도 살펴보자.

- 필립 코틀러(Philip Kotler)

  교환과정을 통해 인간의 필요(Need)와 욕구(Want)를 만족시키기 위해 수행되는 일련의 인간 활동이다. '사회적 관념을 받아들이도록 영향력을 행사하게 계획된 프로그램의 설계, 이행 및 통제이며 여기에는 제품계획, 가격결정, 의사소통 및 마케팅 조사의 요소들이 내포 된다'고 하였다. 이후 코틀러는 구체적인 사회 마케팅 정의로 '목표 집단에게 사회적 이념, 주장 및 관행의 수용을 증대하도록 하기 위해 추구하는 프로그램의 설계, 이행, 통제로서 목표 집단의 반응을 최대화하기 위해 시장 세분화, 소비자조사, 개념구성, 의사소통 그리고 조성 및 자극활동이나 교환이론을 활용 한다'고 제시하였다.

- AMA(미국 마케팅학회)의 정의(1985)

  고객과 조직의 목표를 충족시키기 위한 교환이 일어날 수 있도록 하기 위해 상품, 서비스, 아이디어 설계, 가격 결정, 촉진, 유통을 계획하고 실행하는 과정이다.

- AMA의 정의(2004)

  조직과 이해관계 당사자들에게 이익이 되는 방법으로 고객에게 가치를 창조하고 알리고 전달하며 고객 관리를 위한 조직의 기능과 일련의 과정들이다.

하버드 경영대학원의 호일러(Hoiler)교수에 의하여 창시된 A, B, C 개념을 보면A는 advisor(조언자), B는 bridge(다리), C는 client(고객)를 의미한다. 호일러 법칙은 네트워크 마케팅에서 많이 접목 시키고 있는데, A, B, C에 대한 해석을 조금씩 달리 하기도 한다.

■ 서비스 마케팅 믹스 7P

마케팅 목표 달성을 위하여 이용할 수 있는 수단들의 묶음을 마케팅 믹스라고 하는 것처럼 서비스 마케팅 목표(매출액 증대, 이윤 증대, 고객만족도 제고 등)를 달성하기 위하여 이용할 수 있는 수단들의 묶음을 서비스 마케팅 믹스라고 한다. 마케팅 믹스는 일반적으로4P(PRODUCT, PRICE, PLACE, PROMOTION)라고 하는데 서비스 마케팅 믹스는 여기에 3P(PROCESS, PHYSICAL EVIDENCE, PEOPLE)를 더하여 확장된 서비스 마케팅 믹스(7P)로 구분하고 있다.

- 상품(PRODUCT)

  서비스 상품이란 고객들에게 가치 창출할 수 있는 모든 서비스 수행의 요소들을 말한다. 서비스 상품은 눈에 보이지 않기 때문에 이를 고객들에게 가시적으로 보여줄 수 있도록 하는 것이 필요하다. 철저한 품질 관리와 고객 만족을 통한 브랜드 이미지를 향상시키고 소비자들에게 서비스 상품 구매에 대한 불안감을 줄여 주고 서비스 품질보증제도 등의 도입을 통해서 서비스 품질을 확인시켜 주는 것이 중요하다.

• 가격(PRICE)

가격이란 서비스를 구매하거나 소비하면서 고객들이 지불하는 돈, 시간, 노력 등을 말한다. 유형재화의 경우에는 가격이 사용되지만 서비스의 경우에는 다양한 명칭(요금, 입장료, 등록금, 이자, 진료비 등)으로 불린다. 이러한 서비스의 경우에는 원가요소를 객관적으로 정확히 산정할 수 없는 경우가 많기 때문에 가격 결정이 주관적이고 어렵다.

• 경로(PLACE)

경로란 고객들에게 언제, 어디에서, 어떻게 서비스를 전달할 것인지에 관한 문제이다. 서비스는 보관하거나 저장이 불가능하기 때문에 서비스를 전달하는 장소나 입지(location)가 중요하다. 병원과 학교, 그리고 백화점 같은 경우 서비스를 제공받는 고객들이 접근하기 편리한 곳에 위치하는 것이 경로 관리의 핵심이다.

• 촉진(PROMOTION)

촉진이란 서비스 기업이 고객들에게 특정 서비스 상품을 알리고 선호도를 높이기 위한 커뮤니케이션 활동을 말한다. 서비스 촉진 활동은 무형성을 전제로 하기 때문에 서비스를 직접적으로 보여줄 수 없고 서비스를 소비함으로서 얻게 되는 혜택이나 결과를 강조하는 촉진활동을 하게 된다. 물리적 차별화가 불가능하기 때문에 심리적 차별화를 통해 포지셔닝 활동을 전개하게 된다.

• 과정(PROCESS)

서비스는 하나의 과정을 통해 생산되고 소비자에게 전달된다. 서비스의 효율성을 높이고 고객만족을 극대화하기 위한 서비스 생산 및 전달 시스템 설계가 중요하다. 또한 고객이 생산과정에 참여하기 때문에 적정한 서비스 전달 단계의 수와 고객들의 참여 수준을 결정하는 것이 중요한 과제이다. 고객들이 서비스 품질을 느끼게 되는 서비스 접점 관리(service encounter)가 강조된다.

• 물리적 근거(PHYSICAL EVIDENCE)

서비스는 눈에 보이지 않기 때문에 물리적 근거를 통해 서비스 기업과 그 기업이 제공하는 서비스 품질을 고객들에게 전하려 한다. 물리적 근거란 실내 온도, 조명, 소음, 색상 등과 같은 주변적 요소(ambient elements)와 서비스 매장의 공간적 배치와 기능성, 그리고 표지판, 상징물과 조형물 등을 말한다. 물리적 근거는 고객과 종업원들의 인지적, 정서적, 심리적 반응을 불러일으켜 외적 행동에 영향을 미치게 된다.

• 사람(PEOPLE)

서비스는 종업원의 행위를 통해 고객들에게 전달되기 때문에 종업원들은 서비스의 생산자이자 전달자이다. 그래서 성공적인 서비스 기업들이 인적 자원에 대한 중요성을 인식하고 이들에 대한 교육훈련을 끊임없이 강조하는 것이다.

■ 마케팅 4C

마케팅 패러다임 변화로 기존 4P에서 소비자 관점 마케팅으로 변화 4C가 나왔다.

• 고객 가치(Customer Value)

상품을 산다는 개념에서 오늘날 고객들은 가치(value) 또는 문제에 대한 솔루션을 사는 것으로 생각한다.

- 비용(Cost to the Customer)

  과거의 고객들은 가격에 중점을 두었으나 오늘날 고객들은 가격 이상의 것에 관심을 갖고 있으며 상품 구매 가격 뿐만 아니라 총비용에 관심을 갖게 되었다.

- 편의(Convenience)

  고객들은 제품과 서비스에 접근이 편리하기를 원한다.

- 의사소통(Communication)

  기업의 일방적인 프로모션을 원하지 않고 쌍방향 커뮤니케이션을 원한다.

마케팅 패러다임에 맞는 4C에 기업과 고객의 특성을 고려 해 서비스 마케팅을 접목해 보는 것이 좋다.

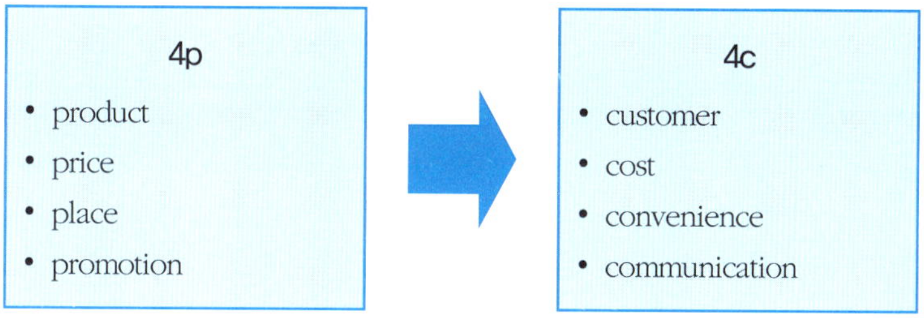

■ SWOT 분석

SWOT 분석은 1960~1970년대 미국 스탠포드 대학에서 연구 프로젝트를 이끌었던 '알버트 험프리'에 의해 고안된 전략개발 도구이다. 이후 전 세계적으로 확산되었다

필립 코트너는 SWOT분석에 대해 '기업의 강점, 약점, 기회, 위협의 선체적인 평가를 SWOT라 한다. 그것은 외부나 내부의 마케팅 환경을 모니터링하는 하나의 방법이다'이라고 말한다.

SWOT는 기업의 환경 분석을 통해 강점(strength)과 약점(weakness), 기회(opportunity), 위협(threat) 요인을 규정하고 이를 토대로 마케팅 전략을 수립하는 기법

- SO(강점-기회)전략
  조직 내 강점을 최대화 하여 조직 외부에 새로운 기회를 창출하는 전략
- ST(강점-위협)전략
  외부의 위협을 회피하고 최소화 하여 강점을 사용하는 전략
- WO(약점-기회)전략
  기회를 최대한 활용하여 조직 내 약점을 극복하려는 전략
- WT(약점-기회)전략
  조직 내 위협을 피하고 조직 내 약점을 최소화 하는 가장 방어적인 전략

SWOT에 기업의 상황을 넣어보고 문제를 기회로 약점을 강점으로 만들어가면 서비스 마케팅 강화를 만들어 낼 수 있다.

제3절 서비스 접점 매뉴얼 작성

직원들의 임무, 언행의 지침서등을 표준화하기 위해 만드는 것이 매뉴얼이다. 서비스 매뉴얼은 회사 매뉴얼에 고객을 대상으로 하는 서비스에 대한 모든 것들을 표준화하는 것이다.

한번 만들어진 매뉴얼이 정답이라 불변하는 것은 아니다. 시대와 서비스 경쟁 흐름에 따라 신속한 변화를 해야 한다. 서비스 매뉴얼 기획, 제작하는 사람은 자사를 찾는 일반적, 특별적 고객 유형이나 상황에 대해 심도 깊게

연구하고 조사하여 매뉴얼을 만들어야 잦은 수정을 하지 않게 된다. 잦은 서비스 수정은 습득하기 어려워지는 직원뿐이 아닌 고객 입장에서도 혼동을 일으킬 수 있게 된다. 일반적으로 모니터링 결과 분석 → 매뉴얼 구성 계획 → 매뉴얼 제작 → 감수 → 인쇄로 매뉴얼이 제작된다.

■ 서비스 매뉴얼 작성요령

기업이 가지고 있는 이념과 철학, 고객에 대한 자세, 직원들의 실무 적용법 등에 대해 세심한 부분까지 정리 기술하는데 크게 환경적, 품질적, 불평 응대 요소에 대한 큰 틀이 아닌 세부적인 것까지(MOT에 다른 모든 부분) 기술해야 고객들을 대할 때 직원들이 적용할 수 있게 된다. 불평 응대 및 처리에 관한 것은 고객 불만이 발생하여 응대, 처리가 되었다면 실제 매뉴얼이 고객 지향적이었는지 다시 점검 하고 수정해야 한다. 매뉴얼이 바뀌거나 보완이 되었다면 즉시 직원 교육을 실시하여 습득해야 한다. 경쟁 업체의 매뉴얼을 그대로 사용하지 않도록 한다. 벤취마킹은 좋지만 차별화를 이루기 힘들어진다.

- 환경적 매뉴얼
  기업(병원, 매장 등) : 실내 인테리어, 고객 동서, 분위기 연출, 청결도 등
  직원 : 용모, 복장(유니폼)에 대한 사항

- 품질적 매뉴얼
  시스템 : 고객이 이용하는 온라인/기계 등
  서비스 : 접점별 세부적 고객 응대 서비스

- **불만 사전 예방책** : 불만이 발생할 수 있는 요인 분석, 불만 발생 시 상황과 고객에 따른 신속한 응대와 사후 관리 등

■ 예) 인사 기준

상황에 맞는 적절한 인사말	
고객을 맞이할 때	안녕하십니까? / 무엇을 도와드릴까요?
용건을 받아들일 때	감사합니다. 네, 알겠습니다. 고객님 네, ○○○고객님, 말씀대로 처리해 드리겠습니다.
고객을 번거롭게 할 때	번거로우시겠지만~ / 괜찮으시다면~ 귀찮으시겠지만~ / 불편을 드려 죄송합니다만~ 번거롭게 해 드려서 죄송합니다.
불평할 때	네, 그렇게 생각하시는 것이 당연합니다만~ 다시 확인해 보겠습니다. 네 옳으신 생각이십니다만~
고객에게 거절할 때	정말, 죄송합니다만~ 정말 미안합니다만~ 말씀 드리기 어렵습니다만~
용건을 마칠 때	감사합니다. / 고맙습니다. 전화 주셔서 감사합니다. 좋은 하루 되십시오.
감사의 마음을 나타낼 때	감사합니다. 전화 주셔서 정말 감사합니다.
질문이나 부탁을 할 때	죄송합니다만, ○○○고객님 맞으십니까? 죄송합니다만, 주민번호를 말씀해 주시겠습니까?
기다리게 할 때	잠시만 기다려 주시겠습니까? 죄송합니다만, 고객님, 1~2분만 더 기다려 주시겠습니까?
고객으로부터 재촉 받을 때	대단히 죄송합니다만, 곧 처리해 드리겠습니다. 담당 책임자와 상의해서 곧 처리해 드리겠습니다. 잠시만 더 기다려 주시겠습니까?

■ 서비스 표준안 작성 기준

- 구체적이어야 한다.
- 누가, 언제, 어디서 무엇을 해야 하는지 정확하게 기술해야 한다.
- 서비스를 관찰 가능하고 객관적으로 측정 가능해야 한다.
- 고객 지향적이어야 한다.
- 직원들이 알아보기 쉽고 적용 가능하게 작성 기술해야 한다.
- 업무 명세와 수행 개요로 명문화한다.
- 일부 직원에게만 강요 되는 표준이 아닌 조직의 전반적인 표준으로 최상층을 포함해 조직 내 모든 구성원들이 받아들여야 한다.

■ 매뉴얼 작성 시 유의 사항

- 기업 입장 대변이 되어선 안 된다.

  고객 지향적이지 안다면 고객 만족으로 이어질 수 없는 것이다. 환경이나 품질이 기업 입장에서 좋은 것이 아닌 고객 입장에서 만족으로 받아들일 수 있는 것이어야 한다. 아무리 좋은 것도 자사에 맞지 않으면 불만족의 원인이 될 수 있다.

- 타 업체의 베끼기 식을 하지 마라.

  모방은 창조의 어머니라는 말은 모방을 해 창조를 했다는 뜻이다. 남의 것을 그대로 모방만 한다면 차별화를 이룰 수 없고 한계점에 부딪히면 돌출구를 찾기 힘들어진다. 좋은 것을 벤취마킹 하면서 자사에 맞는 매뉴얼을 확립해야 한다.

- 형식적으로 작성하면 안 된다.

  친절하게 응대 한다는 말로는 어떻게 친절해야 하는지 답을 알 수 없다. MOT를 만들어 고객과 함께 하는 세부적 접점들을 만들어 세밀한 언행을 기술해야 한다.

• 고객을 직접 접하는 서비스인 에게만 국한되지 않아야 한다.

고객 만족은 직접 대하는 서비스맨 외 그 기업에 속한 모든 사람(환경)으로 좌우되는 것이다. 최전선에 있는 서비스맨 만이 아닌 각 직원 계층별로 고객 지향적 서비스 매뉴얼이 나와야 한다.

제4절 매뉴얼 작성을 위한 모니터링

경쟁 업체나 자사의 서비스 모니터링을 통해 고객 지향적 최상의 서비스 방안을 돌출해 내도록 한다.

■ 모니터링 목적

- 서비스 품질 향상과 혁신에 대한 근거를 제공
- 응대의 품질과 제공된 정보의 정확성을 측정
- 고객의 기대나 니즈를 찾아낸다.
- 고객만족도를 평가 지표를 돌출한다.
- 차별화와 전문화를 비교 분석한다.

■ 모니터링 요소

- **대표성** : 모니터링 대상접점을 통해 전체 접점서비스의 특성과 수준을 측정 한다.
- **객관성** : 종업원을 평가 또는 통제하는 것이 아닌 종업원의 장, 단점을 발견하고 능력 향상을 위한 수단으로 활용
- **차별성** : 다른 분야의 차이를 인정하고 반영해야 한다.
- **신뢰성** : 평가는 지속적으로 이루어져야 하며 신뢰 할 수 있는 결과가 나와야 한다.

- **타당성** : 고객의 평가와 모니터링 점수가 일치해야 하고 이를 반영해야 한다.
- **비교 평가성** : 내부적 평가와 경쟁 업체와 비교 평가
- **전문성** : 전문기관, 컨설팅 기관의 전문적 모델 활용을 통해 전문적 결과 도출

■ 모니터링 데이터의 활용

- 서비스 품질 측정
- 경쟁업체와의 서비스 비교, 분석
- 개별적인 코칭을 위한 장·단점 발견과 후속조치
- 교육 Needs 파악
- 우수 사원 발굴
- 업무 프로세스 개선
- 서비스 품질 향상을 위한 매뉴얼 기획 및 작성

◈ 서비스 모니터링 기법

1) 고객의 소리(VOC Voice Of Customer)

VOC란 고객의 불평과 다양한 고객의 소리를 통합하여 고객으로부터 자사의 서비스가 제대로 진행되고 있는지 피드백을 받는 고객중심전략의 방법이다.

고객의 소리를 체계적으로 수집, 저장하여 분석하여 이를 경영활동에 활용하며 업무 프로세스 개선 및 마케팅의 효율성을 극대화 할 수 있는 시스템이다.

VOC를 청취하기 위한 방법으로는 전화 서베이, 고객패널, 우편조사, 추적 전화, 사후거래조사 등이 있다.

■ VOC 시스템 도입이점

- 고객서비스 최적화
  다양한 채널을 통해 고객의 소리를 통합하여 고객의 욕구와 니즈를 파악하여 서비스 품질을 향상시킴으로써 고객만족을 이끌어낼 수 있다.

- 경영효율 극대화
  차별화된 고객서비스를 제공함으로써 신규고객 창출과 기존고객 유지 그리고 충성고객을 확보하여 기업의 매출향상에 기여할 수 있다.

- 고객관리 선진 시스템 제공
  고객관리 프로세스의 정립 및 업무의 표준화가 가능하며 고객중심의 비즈니스 환경을 구축하여 전문인력에 대한 시스템의 업무효율을 향상시킬 수 있다.

■ VOC 시스템 성공전략

- 고객의 소리와 보상을 연계시켜 처리한다.
- 고객의 소리로 발생한 조직의 변화를 체크하여 평가한다.
- 제품 및 서비스 의 모든 단계에 고객의 소리를 적극적으로 반영한다.
- 자료의 신뢰성을 높이기 위해 고객의 소리를 코딩한다.
- 고객의 불만, 문의, 건의, 민원신고, 칭찬 등의 소리를 즉시 기록한다.
- 고객의 소리를 통계보고서를 작성하여 추후 트렌드 및 변화를 점검한다.

2) 미스터리 쇼핑

미스터리 쇼핑의 유래는 1940년대 미국의 월마크가 '미스터리 쇼핑'이라는 용어를 처음 사용하면서 고객들이 받는 서비스의 수준을 파악하고 서비스 제공자의 응대태도를 평가하기 위한 도구로 사용되기 시작하였다.

1970년~1980년대의 미국경제가 제조업에서 서비스업 중심으로 전환되면서 미스터리 쇼핑이 확산되었고 이후 1990년대에 접어들면서 인터넷의 발전으로 미스터리 쇼핑은 급속하게 발전하였고 전 세계적으로 보편화 되면서 우리나라도 1990년대 마케팅 리서치 회사를 통해 도입되었다.

미스터리 쇼핑은 마케팅 리서치 회사에서 잘 훈련받은 전문 요원이 고객으로 가장하여 기업의 서비스 수준을 파악하고 체험하는 조사 방식이다. 실제 손님으로 가장하였기에 기업에서는 평가요원이라는 사실을 알지 못하며 전체적인 고객응대 프로세스와 서비스 품질을 관찰하여 그 경험을 자세하게 객관적으로 보고서 양식에 맞추어 보고하는 것이다.

미스터리 쇼핑의 목적은 단순히 서비스가 좋지 않은 직원을 감시하는 것이 아니라 조사를 통해 서비스 품질을 개선하여 고객만족도를 높이기 위함이다.

서비스 제공환경 및 프로세스 그리고 서비스 종사자들의 서비스 현황과 진단을 통해 개선과 보완점을 발견하여 서비스 표준을 마련하고 조사 리스트를 작성하여 효율적인 마케팅 전략을 수립하는 것이다.

■ 미스터리 쇼핑 시 유의점

- 윤리적인 조사를 위해 미스터리 쇼핑을 통해 서비스가 체크되어 지고 있다는 것을 통지해야 한다. 또한 서비스 평가방법을 통한 평가기준에 맞춘 종사원 교육이 진행되어야 한다.
- 조사의 유효성을 위해 윤리성, 실용성, 안전성, 적절성, 객관성 등을 고려하여 실시해야 한다.
- 미스터리 쇼핑 시에는 훈련된 전문요원을 배치하여 정직성이 기본 바탕이 되어 조사할 수 있도록 해야 한다.
- 미스터리 슈퍼가 서비스 표준에 맞는 설문지에 근거하여 평가를 할 수 있도록 중요 항목이 들어간 조사 리스트를 갖추어야 한다.

3) 고객패널

고객패널은 경영활동 시 자사의 상품 및 서비스를 제공받고 있는 고객을 대상으로 회사와 계약을 맺고 지속적으로 모니터링한 자료를 제공해주는 고객집단을 말한다. 고객패널들은 기업의 경영개선사항을 제시하여 전반적인 경영활동에 반영이 될 수 있도록 현장 비교체험, 설문조사, 시장조사, 모니터링 등의 활동을 진행하게 된다.

제5절 서비스 품질 개선 및 향상 전략

서비스 품질은 전달된 서비스를 고객이 얼마나 만족하느냐에 대한 평가로 나타나게 된다. 그러므로 고객 만족, 감동 서비스를 위해 중요한 요소이다. 아무리 좋은 서비스라고 하지만 고객의 평가에 따라 만족, 불만족으로 나뉘게 되는 것이다. 고객 지향적인 최상의 서비스 매뉴얼을 토대로 서비스를 제공하더라도 고객 불만족이 발생하면 품질은 불만족이 되므로 융통성 있는 서비스 개선으로 품질 향상을 이루어야 한다.

앞에서 서비스 품질을 다루었지만 서비스 전략을 위해 다시 한번 강조한다.

Lewis와 Booms(1983)은 서비스 품질이란 서비스가 고객의 기대(expectation)와 얼마나 잘 일치하는가의 척도(measure)라고 정의하였고 Grönroos(1984)는 서비스 품질은 소비자의 지각된 서비스와 기대한 서비스의 비교 평가의 결과이며 기술적 품질, 기능적 품질, 이미지와 같은 제 변수와 함수관계가 있다고 주장하였다.

도나 베디언(Donabedian)은 의료 서비스 품질을 다음과 같이 정의하였다.

- 의료제공자의 의학적, 기술적인 능력
- 의료 제공자의 입장에서 고객의 요구나 욕구에 따라 판단되는 것으로 제공받은 의료 서비스에 대한 고객의 감정
- 사회적 관점에서 의료 서비스 품질은 많은 사람들에게 편익이 돌아가게 의료 서비스를 제공하고 관리하는 것

PZB(1994)은 서비스 품질이 서비스 고유한 특성으로 인해 객관적으로 측정하기 어려운 추상적인 개념이고 기업이 서비스 품질을 평가하는 적절한 접근 방법은 소비자의 지각을 측정하는 것이라고 하였다. PZB(1988)은 서비스 품질의 개념을 정의한 후 이것을 측정한 도구로서 SERVQUAL이라고 불리는 다 항목 척도를 처음으로 개발하였고 초기에 서비스 품질의 구성요인을 10개 차원(97개 항목)으로 도출하였으나 이후 5개 차원(22개 항목)으로 축약하였다. SERVQUAL은 서비스 기대 측정, 서비스 경험 측정의 2가지를 구분하여 전자를 먼저 측정 한 후 후자를 측정하여 측정된 기대와 성과의 차이 즉, 격차(Gap) 이용하여 서비스 품질을 평가하는 방법으로 도식화하면 다음의 그림과 같다.

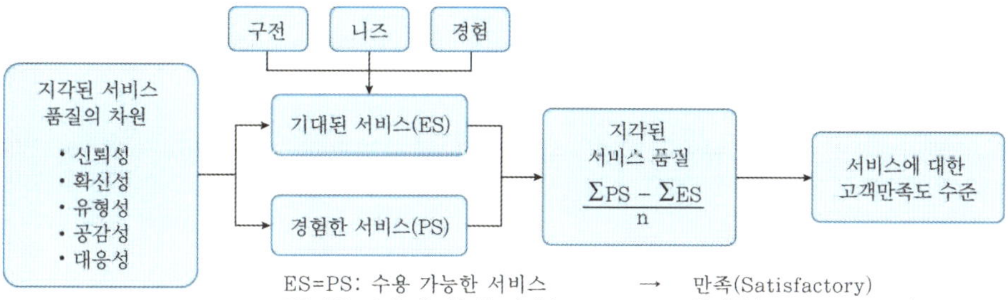

ES=PS: 수용 가능한 서비스 → 만족(Satisfactory)
ES>PS: 수용 불가능한 서비스 → 불만족(Unsatisfactory)
ES<PS: 서비스 품질의 이상적 수준 → 기쁨(Delighted)

지각한 서비스품질의 결정요인

SERVQUAL을 개발한 이들은 서비스 품질에 영향을 미치는 기업 내부의 요인들에 대한 연구를 하여 고객이 지각한 품질상의 문제점을 기업 내의 결점이나 격차(GAP)와 연결시키는 개념적 모형을 개발하였다.

(김연성 외, 2002) 참조

이 서비스 GAP을 보면

- 촉진 차이(과도한 기대수준 형성)
  고객에게 깊은 인상을 주기 위해 실현이 불가능한 판촉 활동을 하는 경우
- 이해 차이(고객 욕구에 대한 오해)
  고객의 욕구와 우선순위를 정확히 파악하지 못할 때
- 과정 차이(부적절한 업무과정)
  고객이 기대하는 바를 잘 알고 있음에도 불구하고 운영절차나 체계로 바꾸지 못할 때
- 행동 차이(종업원의 훈련부족)
  직원이 서비스 절차대로 수행하도록 훈련되지 않았을 때
- 인식 차이(고객과 기업의 인식차이)
  고객은 한번 경험한 안 좋은 기억으로 그 기업의 서비스 수준이 올라가도 여전히 서비스가 낮다고 생각하는 경향이 있다.

위의 Gap을 줄여야 고객 만족으로 서비스 품질을 높일 수 있다. 기업 내 이런 Gap을 정확히 진단하고 개선안을 도출해 내야 한다.

1. 서비스 품질 개선을 통한 전략

1) 고객의 눈높이에 맞는 서비스로 품질개선을 해야 한다.

한국표준협회가 주관한 2016년 한국서비스품질지수 평가에서 종합병원 부문 1위는 서울성모병원으로 2013년 조사대상에 포함되었던 첫 해 조사대상 기업에서 전체 1위를 달성한데 이어 3년 만에 다시 1위에 올랐다.

병원의 경영 핵심 전략은 환자중심의 서비스 품질을 향상시키고 꾸준한 서

비스개선 노력을 이어 나가는 것이다. 차별화된 의료서비스가 높이 평가받아 서울성모병원이 다시 1위에 오르게 된 것이다. 2013년 고객행복추진 TFT을 개선하고 2015년 고객 행복위원회 발족을 통해 고객만족 관리 체계를 전사적으로 실시하여 서비스 접점 구성원이 환자의 불편을 개선하고 서비스 품질을 높일 수 있는 아이디어를 실현시킴으로써 환자들의 서비스 경험을 개선하는 적극적인 시도들이 이루어졌다. 의사들의 서비스 개선을 위한 의사교육 뿐 아니라 환자와 소통에 있어서 문제점을 파악하여 접점 직원들의 개선해야 할 점들을 1:1 코칭을 통해 개선의 노력을 기울였다. 환자들의 입장에서 생각하고 진정한 서비스가 무엇인지 고민하여 환자 중심, 환자 안전을 위한 의료서비스 제공을 위해 노력하는 고객과의 눈높이가 서비스 품질을 개선하는데 효과적 힘을 발휘하였다고 볼 수 있다.

2) 서비스 품질은 내부고객 만족에서부터 이루어진다.

고객을 만나는 접점 현장에서 근무하는 직원들이 서비스 품질을 결정짓는 가장 중요한 사람이다. 접점 직원들이 고객에게 질 좋은 서비스를 제공하고 관계를 이어가게 할 수 있도록 하기 위해서는 동기 부여와 자긍심을 갖게 해 주어야 한다. 그러기 위해서는 경영진은 이런 직원들이 만족하고 행복감을 느낄 수 있도록 환경 조성을 해 주어야 한다. 내부 고객 만족은 외부 고객 만족으로 이어진다는 명제를 잊지 말자. 서비스에 대한 권한이임으로 고객에 따른 차별적, 특화적 서비스가 이루어지게 하는 것은 융통성 있는 서비스 품질을 만드는 길이다.

3) 고객 가치에 근거한 서비스 디자인을 구상해야 한다.

옴니채널 등의 다채로운 고객 접점이 활성화 되면서 고객들은 빠른 정보공유로 인해 서비스에 대한 자각과 평가가 빨라지게 되었다. 경쟁 업체와의 비교, 분석으로 특별한 차별화가 되어 있지 않다면 가치를 느끼지 못해 구매의사 결정 갈등을 느끼게 된다.

서비스 품질 관리는 단순히 고객이 만족했느냐 아니냐에 초점을 맞추는 것이 아니다. 고객 가치에 기반 하여 서비스 이미지 수립을 하고 고객 가치를 높일 수 있는 고객경험 활동을 통해 차별적이고 독특한 방법을 구상하고 접목시켜 고객과 소통해야 한다. 고객이 경험하는 접점 요소에서 상품 및 프로세스 그리고 인적 서비스 등이 고객 경험 요소에 비추어 볼 때 개선할 사항이 무엇인지 새로 개발해야 하는 서비스는 무엇인지 고객 입장에서 디자인을 해야 한다.

2. 업종별 서비스 개선전략

■ 외식업

- 가격, 메뉴, 지역에 따른 서비스 차별화를 이루어야 한다.

  고급 한정식(호텔식)과 저렴한 식당을 갈 때의 고객 심리는 분명 다르다. 프랜차이즈 업종이라도 지역에 따라 고객 욕구와 요구가 다르다는 것을 인지해야 한다. 우리의 원칙이라는 강요된 서비스 제공을 하지 않도록 기본적 고객 욕구를 파악하고 서비스 전략을 세울 필요가 있다.

- 웰빙을 중요시 하는 시대이다.

  아무리 맛있는 음식이라도 건강을 해지는 느낌을 받는다면 고객의 기본 욕구 심리를 충족시킬 수 없다. 맛있는 음식을 먹는 것에 만족과 감동을 느끼는 시대가 아니다. 기술이 발전하듯 메뉴 개발은 기본이고 시각적 맛을 돋보이게 하는 데코레이션 개발 등으로 고객의 관심을 끌고 맛과 더불어 건강해지는 느낌을 주어야 경쟁력을 갖게 되는 것이다.

  웰빙에 많은 관심과 신경을 쓰는 고객 의식 변화로 청결과 원산지에 대한 정확한 표기, 잔반 처리는 서비스가 아닌 기본 필수 요건이다. 이런 요소에 대한 불신을 준다면 고객의 입을 통해 불매 운동으로 번지게 하여 불경기보다 더 무서운 결과를 낳게 한다는 것을 유념해야 한다. 건강과 연결되는 청결, 잔반 처리 등은 신뢰와 불신의 차이를 낳게 함으로 확실한 신뢰를 주도록 해야 한다.

• 맛 집은 불친절은 감수해야 한다는 시대는 지났다.

유명한 맛 집은 오래 기다리고 불친절은 감수해야 한다던 시대도 있었다. 아주 특별한 음식이나 맛이 아닌데도 유명하니 가본다며 소문난 맛 집을 찾기도 했지만 요즘 고객들은 블로그나 까페를 통한 맛 집을 별로 신뢰하지 않는다. 입소문이 아닌 업주가 만들어낸 소문인 경우가 많다는 것을 고객들이 인지하는 시대인 것이다. 한번쯤 가보면 되는 집으로 낙인이 찍힌다면 수명이 짧아지는 건 당연하다. 기다리게 하는 고객을 위한 서비스 제공이나 자주 찾는 고객에 대한 서비스(고객의 입맛을 기억해 주는 것, 포인트 적립, 고객 스스로 블로그나 까페에 소문 내주는 경우 서비스 제공 등)특화를 이룬다면 유명한 맛 집의 대열에서 밀려 나지 않게 된다.

■ 고객들이 싫어하는 말, 말.

- 고객님~~~~성격이 굉장히 급하신가 봐요. 앉으시자마자 재촉하시네요.
- 고객님~~~~속고만 사셨나요. 의심이 많으세요. 우리는 국내산만 써요.
- 고객님~~~~입맛이 까다로우신가 봐요. 다른 고객님들은 다 만족 해 하시는데요.
- 고객님~~~~입맛이 특이하신가 봐요.
- 고객님~~~~너무 많이 드셨는데 더 리필 해 드려요?
- 고객님~~~~할인 쿠폰은 미리 주셨어야지요.
- 고객님~~~~이 머리카락 긴 것을 보니 고객님의 머리카락이 아닐까요.
- 고객님~~~~싼 게 그렇죠 뭐… 이해하시고 드셔야지요.
- 고객님~~~~저희 매뉴얼이니 적응하셔야 합니다.
- 고객님~~~~물은 셀프입니다.
- 고객님~~~~원하시는 것은 스스로 갖나 드세요.
- 고객님~~~~문 닫아야 하니 원 샷 하세요.
- 고객님~~~~매 번 오실 때마다 이야기 해 드리는데 또 잊으셨군요.

■ 숙박업(호텔, 콘도 등)

• 고객 차별화를 주지 말아야 한다.

돈을 내는 고객과 무료 이용 고객의 차별화 서비스를 하지 말아야 한다. 무료 이용 고객이 고정 고객이 되거나 충성 고객이 될 수도 있다. 공짜 고객은 무의미하다는 식의 서비스를 한다면 한 번 고객으로 끝나는 것만이 아닌 나쁜 평판을 전파하는 고객으로 전락시켜 버리기도 하게 된다. 한번 찾은 고객은 회사를 알게 되는 것이고 고객들에게 브랜드 인지를 시켜 신규 고객 확보를 위한 마케팅 비용과 시간 투자를 절감하게 되는 것이다. '당신은 공짜 고객이요'라는 인상을 주지 않도록 각별히 주의해야 한다.

• 격이 있는 서비스를 해야 한다.

규모와 이용 금액에 따른 서비스 격을 달리 해야 한다. 하지만 중급인 곳에서 최고급 서비스를 제공한다면 고객 입장에서는 만족이 아닌 감동을 느끼게 되는 건 당연하다. 규모나 금액상 '이런 서비스를 할 것이다'는 사전 기대치를 넘는 서비스를 제공받는다면 고정 고객을 넘어 충성고객으로 발전하게 된다. 반대로 품격 높은 서비스를 할 것이라는 기대치를 넘지 못한다면 실망과 불만족을 넘어 나쁜 구전 마케팅 전도사가 되어 버릴 수도 있다.

• 서비스 프로그램 개발에 게을리 해서는 안 된다.

경쟁 업체 따라 하기 식의 이벤트 프로그램은 신선함이나 감동 전달을 할 수 없다. 남들이 하기 전 고객 욕구를 자극하여 관심을 끌 수 있는 패키지나 서비스 프로그램을 개발해야 경쟁력을 갖게 된다. 국내뿐이 아닌 외국 사례들도 살펴보고 자사의 격에 맞는 신선한 프로그램 개발에 열의를 쏟아야 한다. 호텔이라는 곳이 일반인들에게 멀게만 느껴졌던 시대가 아니라는 것을 인지해야 하고 이용과 접근이 쉬울 수 있는 것들을 모색해 신규 고객 확보를 위한 전략을 세워야 한다.

단, VIP고객들에 대한 차별화 프로그램이나 서비스는 기본적으로 이루어져야 한다. 고 품격 서비스를 제공 받기 위해 찾는 고객들에게 대중화된 서비스 제공은 실망과 배신을 넘어 외면을 당하게 될 것이다.

■ 고객의 귀를 불편하게 하는 말, 말.

- 고객님~~~~~여기는 호텔이거든요.
- 고객님~~~~~호텔 처음 이용하시나 봐요.
- 고객님~~~~~품위를 좀 지켜 주세요.
- 고객님~~~~~공짜라고 너무 많이 드시는 거 아닌가요?
- 고객님~~~~~노 스모킹(no smoking)존입니다.
  (고객이 영어를 몰라서가 아니라 한국인에게는 한국말로 금연석이라고 하는 것이 좋다)
- 고객님~~~~예약을 확실히 하셨나요?
- 고객님~~~~이 티켓을 누구한테 받으신 건가요?
  (고객을 의심한다는 느낌을 줄 수 있다.)
- 고객님~~~~저희가 이야기 했을 텐데요. 냉장고 음료는 유료인데요. 모르셨나요?
- 고객님~~~~라인을 좀 지켜 주세요.(예약이나 체크아웃 하는 경우)
- 고객님~~~~이 카드는 한도 초과인데요.

■ 교육 서비스업

- 교육대상자에 따른 서비스 전략을 세워야 한다.

대상이 학생인가, 성인인가에 따라 서비스 전략을 달리해야 한다. 특히 초, 중학생 대상인 경우는 학부모에 대한 서비스가 학원 선택을 좌우하게 된다. 학원을 선택하는 부모의 눈에 아이에게 배움에 대한 환경 조성이 잘 되어 있는가를 간접적으로 깊은 인상을 주어야 선택이라는 심리

자극을 줄 수 있다는 것이다. 주변의 평가를 통해 학원이나 학습지를 선택하는 경우가 많지만 상담이나 서비스를 통해 선택 결정을 내리게 된다. 성인 대상인 경우는 어느 지역에 위치해 있는가, 어느 연령대가 많은가 등에 따라 시간 편성이나 서비스 프로그램을 개발해야 관심과 선택의 결과를 만들어 낼 수 있다. 물론 교육업은 지식 습득에 대한 자질이나 능력은 기본이다. 이것이 독보적인 것이라면 경쟁을 가질 수 없지만 선택의 고민을 갖게 한다면 기본에 서비스 전략이 고객 확보에 큰 역할을 하게 된다는 것이다.

- 1:1 맞춤 서비스를 제공하는 전략이 필요하다.
  수강생에 맞는 맞춤 서비스(클래스나 교재, 자료 제공, 관리 등)로 신뢰를 주는 것은 다른 곳으로의 이탈을 막게 하는 가장 큰 힘을 발휘하게 된다. 음식은 같은 메뉴이지만 여기서도 먹어보고 저기서도 먹어보고 싶은 심리를 가지지만 교육은 여기저기서 느껴보겠다는 심리를 가지지 않는다. 물론 비교 해 보려 하는 사람도 있지만 아주 극소수이다. 자신의 목표 달성을 이룰 수 있는가가 가장 큰 선택 요소라는 것에 대한 전략을 세우는 것이 고객 확보와 이탈을 막는 길이다.

- 피드백을 통한 개선안 도출 서비스 제공은 확실성과 신뢰를 주게 된다.
  부모 입장에서는 우리 아이가 무엇이 부족한가, 무엇을 채워주어야 하나, 어떻게 지도하고 끌어가야 하나 하는 문제가 가장 큰 고민이다. 지속적인 피드백과 개선책을 제공해 주는 것은 부모들의 고민의 무게를 덜어주는 서비스이고 신뢰감을 높이게 할 것이다.

■ 듣기 불편한 말, 말

- 어머님! 아이가 머리는 좋아 자기 머리만 믿는가 봐요.
- 어머님! 아이가 너무 산만해요.
- 어머님! 노는 것에만 관심이 많네요.

- 어머님! 철수 때문에 다른 아이들이 분위기가 어수선해져요.
- 어머님! 어머니가 아이를 잘 보살피지를 않으시나봐요.
- 어머님! 아이가 다른 아이들을 못 따라 오네요.
- 어머님! 이 아이는 다른 곳에 가도 힘들다고 할 거여요.
- 어머님! 지금 성격을 안 바꾸면 앞으로 사회생활이 어려울 거여요.
- 암기력이 많이 떨어지시네요.
- 다른 사람들보다 몇 배 더 노력하셔야 해요.
- 강사 문제가 아닌 본인 문제입니다.

■ 공공 서비스업

- 눈높이를 맞추는 서비스를 해야 한다.

  공무원 친절 서비스 붐이 생기면서 고압적 자세의 서비스는 사라졌다고 하지만 아직도 '공무원은 고압적이다'는 인상을 받기도 한다. 인사를 하는 것은 서비스가 아닌 대인관계 만남의 기본 예의이다. 인사를 잘 하는 기관이라는 것은 그전에 기본 예의를 안 지켰다는 것을 인정하는 것이 되고 만다. 상대가 노약자이냐 아니냐에 따라 달리 하는 인사는 진정 상대를 배려하는 마음이 전달되는 것이다. 상대에 따라 눈높이를 맞추는 서비스가 가슴으로 전달되는 서비스이다.

- 찾아가는 서비스를 구축해야 한다.

  공공기관 서비스 만족도 평가로 서비스 경쟁을 하게 된 것이 공공 서비스 향상을 이루게 되었다. 앞서 가는 서비스를 제공하는 곳이 평가 1위에 본보기가 된다. 다른 곳과 같은 서비스나 따라 하기 식의 서비스가 본보기가 되지 않는 건 당연하다. 경쟁 대상이 없고 본보기가 된다는 것은 남이 하지 않는 것, 생각하지 않았던 것을 실행하는 것이다. 업무 종류에 따라 달라질 수 있지만 장애인, 무의탁 노인들에 대한 업무 등 어려운 분들에게 찾아가는 서비스는 지역과 주민을 배려하고 생각해 주는 진정된 서비스이다.

• 지역과 주민에게 힘을 주는 서비스 전략

과일이나 채소에 지역, 재배인의 이름이나 사진을 넣어 건강한 먹거리에 대한 신뢰를 주고 브랜드 가치를 높였다. 이것이 유행처럼 번지다 정착화가 되었는데 이것은 단지 소비자에게만 좋은 것이 아니다. 수확자나 지역 경제 발전에도 큰 이득과 기여를 하게 되는 것이다. 지역 발전을 위한 서비스 전략 구축은 경제적 발전뿐이 아닌 소통과 화합의 문화를 만들어 가는 길이다.

■ 듣기 불편한 말, 말

- 공무원들은 하는 업무가 너무 많아 일일이 챙겨 드릴 수가 없습니다.
- 지난번에도 설명해 드렸는데 매번 설명 해 드려야 하네요.
- 아무리 무료 사용이지만 혼자 독점하듯 하시면 안 됩니다.
  (안마기, 컴퓨터 등 무료 사용 시설)
- 직접 오셔야지 저희가 찾아갈 수 있나요.
- 공공 기관이니 깔끔하게 사용하셔야 합니다.

■ 병원

• 웰빙을 느끼게 하는 기본 서비스

병을 고치러 왔다 병을 얻어가는 기분이 든다면 고객 입장이라면 어떻게 할 것인가. 사안에 따라 불만 토로를 넘어 클레임까지 걸 게 된다. 요즘은 거의 볼 수 없긴 하지만 차 한 잔 마시기 위해 자판기에서 컵을 꺼내는 순간 그 차를 마시면 병에 걸릴 듯한 자판기 청결을 보며 그냥 버려버리기도 했다. 세탁을 했다지만 세탁이 안 된 듯 하고 너무 낡아 그 옷을 입으면 병균이 옮을 것 같은 느낌, 꺼먼 때가 낀 먼지들을 보면 그 병원에 환자로 들어가고 싶을까. 의술이 뛰어나 이 병원이 아니라면 모르겠지만 의술도 경쟁인 시대이다. 보호자나 문병을 갔다 병을 얻어 올 것 같은 병원이라면 아무리 친절해도 기피 대상 1호가 되는 건 뻔하다.

외식업보다 더 청결에 신경 써야 한다. 청결은 서비스가 아닌 기본 필수이다. 여기에 환자나 보호자의 안락감을 위해 인테리어나 동선 관리 등은 서비스 옵션이라 할 수 있다. 기본에 옵션이 잘 더해지면 고객은 서비스를 실감하게 되는 것이다.

- 불안정한 고객 심리 해소를 위한 서비스 전략

  백화점이나 식당을 갈 때와 병원에 갈 때의 고객 심리는 확연하게 다르다. 보호자 역시 환자만큼 불안정한 심리를 가지고 있다. 직원들의 말 한마디 눈빛 하나에도 날카롭게 반응 한다는 것을 충분히 이해하고 마음을 헤아리는 서비스를 해야 한다. 말 한마디에 천 냥 빚을 갚는다는 말처럼 직원들의 말 한마디에 아픔도 줄어 들 수 있다. 정서적 안정을 주는 서비스 응대를 해 마음의 상처를 주지 않도록 해야 한다.

- 전 직원이 환자를 생각해주는 서비스 전략

  의사의 처방이나 치료뿐이 아닌 진료 일을 잊지 않게 하거나 약 복용(일반적으로 복용하는 것이 아닌 경우)에 대해 혼동되지 않도록 알림 서비스 등 모든 직원들이 환자를 생각해 주는 서비스를 하고 있다는 인상을 전달하는 것은 안정과 신뢰를 갖게 할 것이다.

  병원의 특성에 맞는 효과적 서비스 전략을 세워야 한다. 단 환자의 정보에 대한 누설이 되지 않도록 각별한 주의를 해야 한다. 피부과나 성형외과인 경우는 환자가 비밀 스러움을 가지고 싶어 하는 진료일 수 있다는 것을 염두에 두어야 한다.

■ 듣기 불편한 말, 말

- 이건 수술이 아니고 시술이어요. 비밀스러운 것도 아닌데요.
- 아픈 것을 감수해야 미인이 됩니다.
- 매번 설명 해 드려도 잊어버리시면 병이 빨리 낫겠어요.
- 큰일이네요.

- 아이들도 잘 참는데 어른이…
- 식사 시간에는 자리 좀 지켜 주세요.

제6절 서비스 성공과 실패 사례

■ 사우스웨스트 항공

서비스 성공 사례로 많이 나오는 사우스웨스트 항공사의 성공 사례를 보자.

1971년 항공기 3대로 텍사스의 댈러스, 휴스톤의 샌안토니오 사이를 운항하는 작은 지역 항공사로 출범하여 경쟁 항공사들과 차별화된 전략으로 업계 후발 주자임에도 시장에서 독자적인 위치를 확보하고 기업들로부터 벤치마킹의 대상이 되었다.

틈새시장을 노렸다.

사우스웨스트 항공은 기존의 항공사가 아닌 고속버스와 철도회사를 타겟으로 삼았다.

비행기 요금이 부담스러워 장시간이라도 자동차나 기차를 이용하는 승객들에게 저렴한 가격의 국내 단거리를 운항하는 틈새시장, 즉 니치(niche)마켓을 집중적으로 공략하였다.

저렴한 항공료를 추구하기 위해선 비용절감을 최우선으로 하는 것이 중요한 포인트였다. 이것을 위해 비행기 기종 통일화, 서비스 간소화(자동화된 발권 시스템, 선착순 좌석 선택제, 기내식 대신 스낵 대체 등)를 이루어 고객이 저렴한 항공료로 비행기 이용을 하게 한 것이다.

또한 사우스웨스트 항공사는 '펀 서비스' 성공 사례 대표 기업으로 알려져 있다.

승무원들이 재미있는 분장으로 깜짝 쇼를 하기도 하고 부활절이나 할로윈 데이 같이 특별한 날에는 그날에 어울리는 다양한 의상을 입기도 하며 항공사에 전화를 건 고객들에게는 "담당자와 30초 이상 연결되지 못한 고객은 8번을 눌러 주십시오. 그렇다고 빨리 연결되는 것은 아니지만 적어도 기분은 좋아질 것입니다."라는 재미있는 안내 메시지를 전해 주기도 한다. 이런 펀 서비스는 싼 항공료가 위험성이 내포되지 않았을까 하는 고객의 불안감 해소를 시켜주어 다른 항공사와의 특별한 차별화를 만들어 내어 성공으로 이어진 것이다.

■ 미국보훈병원

1990년대 중반까지만 해도 10달러짜리 물품을 구매할 때도 상부기관의 허가를 받아야 했기 때문에 낡은 의료 장비들을 오랫동안 방치해 두는 등 비효율적인 운영과 낙후된 시설로 많은 고객들에게 외면당해 클린턴 정부 시절에는 보훈병원의 존폐 여부가 진지하게 논의되기도 했다. 그런데 1994년 '카네스 키저' 박사가 병원장으로 취임하면서 의사결정권을 지역병원 및 클리닉으로 대폭 이양함과 동시에 해당기관의 의료 서비스 품질에 대해 강력한 책임을 부여했다. 의료 서비스 품질 제고에 공헌한 의료진에게는 큰 포상을 주고 경쟁력 없는 의사는 해고 하였으며 의료사고도 숨기지 않고 철저히 조사하여 외부에 공개 해 의료에 대한 신뢰성을 높였다. '혁신적 의료서비스 개선'이 성공의 중요한 기반이 된 것이다.

그 다음으로 '질병에 대한 사전예방'에 대해 전념을 했다. 이것을 위해 미국 최고의 의료정보 시스템을 구축을 하였는데 이것은 다음과 같은 것을 하여 시간과 비용 절감을 하게 되었다.

- 24시간 의사와 환자의 커뮤니케이션 채널을 제공
- 간단한 질병은 집에서도 처방전을 받을 수 있게 지원
- 환자 개개인에게 바코드를 지급하여 환자들의 과거 진료 기록을 효율적으로 관리하여 약이 잘못 조제됐거나 환자가 거부 반응이 있는 약 처방

했을 경우 이를 조기에 발견할 수 있게 하여 오진률을 일반 병원의 평균 오진률 3-8%보다 훨씬 낮은 0.003%까지 낮출 수 있었다.

절감된 시간과 비용을 합병증을 유발하는 당뇨병 치료에 집중적으로 투자했고 그 결과, 미국 보훈 병원은 당뇨병 관리부분에 있어서 민간병원 평균 점수인 57점을 앞선 70점을 기록하여 미국 최고의 병원이라는 입지를 굳히게 되었다.

전쟁으로 인한 외상 후 스트레스 장애로 고통 받는 환자들을 위해 참전 용사들로 구성된 직원들을 고용하여 자신들의 경험을 토대로 환자들에게 조언해주게 함으로써 물리적인 치료뿐이 아닌 심리적 고통까지 완화시켜 주고 있다. 마음의 치유까지 세심하게 챙기는 진정된 의료 서비스가 입지적 병원으로 거듭나게 되었던 것이다.

■ 노드스트롬(Nordstrom)사

노드스트롬(Nordstrom)사는 고객만족을 위한 실천사례는 이미 세계적으로 표본이 되었다.

노드스트롬은 1901년 시애틀 파이크 4번가에 스웨덴 이민자인 존 W. 노드스트롬(John W.Nordstrom)에 의해 구두 상점으로 시작한다. 구두 상점으로 매장 확장을 하면서 1930년에 노드스트롬은 간판의 상호를 The Nordstrom 이라고 변경하고 진정한 노드스트롬사의 역사를 시작하게 된다의 역사를 써 내려가기 시작 한다.

노드스트롬 경영철학은

1. 최고의 서비스 (Exceptional Service)
2. 구색 (Selection)
3. 품질 (Quality) 및 가치 (Value)

이며 역피라미드 조직 구조로도 유명하다. 고객이 맨 상단에 있으며 그 다음에는 판매사원, 그 밑에 지배인, 그리고 맨 아래는 이사회가 있다. 고객 우선, 제일주의를 추구하는 것이다.

이런 철학과 조직 구조는 일가에 의해 운영되어 4대에 이르기까지 '고객에게 최상의 서비스를 제공하라'는 문화 철학이 이어지고 있다.

노드스트롬 신입사원에게 주어지는 수첩을 보면

> '노드스트롬에 오신 것을 환영합니다. 당신을 우리 회사의 일원으로 받아들이게 되어 정말 기쁘게 생각합니다. 우리의 첫 번째 목표는 뛰어난 고객 서비스를 제공하는 것입니다. 당신의 개인적, 직업적 목표를 높게 설정하십시오. 우리는 당신이 그것을 달성하기 위한 능력이 충분하다는 것을 확신합니다. 노드스트롬의 첫 번째 규칙은 모든 상황에서 스스로 최고의 판단을 내리는 것입니다. 더 이상의 규칙은 없습니다.'

는 글이 실려 있는데 이것은 고객과 접점에서 마주하는 직원들에게 권한을 위임하다는 것이고 이런 권한의 고객 우선과 제일주의 서비스 문화를 만들어 가는 기초가 된 것이다.

고객이 감동 받은 사례들을 보자.

- 노드스트롬에서는 타이어를 판매하지 않는데 고객이 원했기에 노드스트롬 직원들은 기꺼이 고객이 가져온 타이어를 반품 처리해주었다.
- 한 고객이 노드스트롬에서 쇼핑을 한 후 급하게 공항으로 향하다 비행기 티켓을 제품을 매장에 놓아두고 왔는데 택시를 따고 쫓아온 노드스트롬 직원이 건네준 티켓 덕분에 무사히 비행기에 오를 수 있었다.
- 고객이 세일 기간을 맞이해 바지를 사러 노드스트롬에 들렀는데 사려고 했던 바지는 이미 다 팔려 버렸다. 다른 노드스트롬 매장에도 다 팔린 상태였는데 고객의 실망스러움을 보고 노드스트롬 직원은 급히 밖으로 나가 다른 회사의 매장에서 고객이 원하던 바지를 구입해 와 고객에게 세

일 가격으로 판매하였다.

이런 서비스를 받은 고객들이 만족스럽다고만 할까. 감동을 넘어 노드스트롬이라는 이름이 가슴에 깊이 남게 되는 건 당연하고 이런 감동의 구전은 돈을 헤아릴 수 없는 가치를 낳게 된 것이다.

■ 아마존 사례

고객 감동 서비스를 바탕으로 '지구상에서 가장 큰 선택(Earth's Biggest Selection)'이라는 슬로건을 내걸고 인터넷 비즈니스를 세계적으로 이끌어 내었다. 매우 만족한 고객이 다른 곳엔 눈을 돌리지 않게 하려면 고객 입장에서 생각하고 서비스를 해야 한다는 철학을 담아 성공으로 이어지게 한 것이다.

아마존의 고객 중심 경영 사례들을 보면

• 고객의 말과 주문을 우선적으로 처리하며 신뢰하는 고객 응대와 처리

외국의 고객이 Amazon.com을 통해 몇 가지 책과 음반 CD를 주문했다. 아마존이 전자우편으로 확인해준 도착 시간이 지나도 도착하지 않아 전자우편을 아마존 측에 다시 보냈다. 아마존은 국제 우편의 경우 고객이 주문한 물건을 컴퓨터로 정확하게 추적할 수 있는 시스템이 갖추어지지 않아 죄송하게 생각한다며 그 다음날로 전 세계 네트워크망을 보유한 FedEx를 통해 주문한 물건을 다시 보내주었다. 기다리라는 말만을 하지 않고 고객의 주장을 신뢰한 것이다. 추가 요금도 받지 않고 "만약 첫 번째 발송한 물건이 도착했다면 아마존의 너그러운 선물이라 생각하고 그냥 받아주십시오. 혹시 그 책이 필요 없다면, 주변에 유익하게 사용할 수 있는 사람에게 전해주십시오." 라는 전자 우편을 동봉했다는 것이다. 도착하지 않은 물건 때문에 불만을 가지게 된 고객은 이런 서비스를 받고 어떻게 마음이 바뀌겠는가?

• 개별 고객 맞춤형 서비스 제공

아마존은 고객맞춤 전자우편 서비스인 'Amazon. com Delivers'로 아마존 고객이 미리 지정한 관심 분야에 대한 정보를 수시로 보내주고 예전에 고객이 구매한 서적의 세부 분야 등을 검토하여 고객의 독서 취향 및 관심 분야도 함께 맞추어진 정보를 제공 한다. 보내오는 전자우편 내용 속에는 책 제목뿐만 아니라 책에 대한 상세한 설명과 함께 마우스를 클릭하면 해당되는 책의 서평에 대해서 접할 수 있고 한 번에 주문이 가능한 원 스톱 서비스를 통해 종합적인 정보를 정기적으로 받아볼 수 있다. 이러한 서비스는 고객이 전문 분야의 최신 정보를 습득할 수 있게 되고 그 책과 관련된 서적과 다른 저자에 대한 정보도 종합적으로 점검할 수 있어 비교, 분석 할 수 있게 된다.

인터넷이라는 가상 세계에서는 '총체적 고객 경험'의 만족이 가장 중요한 요소라는 것을 토대로 고객 지향적 서비스를 한 것이 성공의 포인트라 할 수 있다.

■ 실패 사례 : 리바이스(Levi's)

요즘 젊은이들에겐 생소할 수 있지만 90년대까지만 해도 리바이스(Levi's) 청바지를 모르는 사람은 없을 정도로 청바지의 대명사였다. 청바지로 수익이 잘 나다보니Levi's 상표만 붙으면 뭐든 잘 팔릴 수 있다는 판단으로 바지, 고급 자켓, 스키복 등의 제품을 생산하였다.

'Levi's = 청바지'라는 인식이 굳어있는 고객에게 청바지 이외 제품은 관심을 끌지 못해 실패로 이어졌다. 고객 중심적 사고를 배제해서 청바지하면 떠올리는 Levi's의 브랜드 가치를 떨어뜨리고 결국 기업 실패로 이어지게 된 것이다.

■ DuPont사의 Kevlar 실패 사례

DuPont사는 미국에서 10번째 안에 드는 화학기업의 제1인자인 큰 회사이다. 셀로판, 나이론을 발명하여 유명해진 DuPont사는 철보다 5배 강하고 무게는 철의 5분의 1밖에 안 되는 신비의 물질 Kevlar를 발명하여 대성공을 했다. Kevlar는 철보다 강하고 가벼운 데다가 타이어 고무와 잘 접합 되어 타이어 제조 업계가 Kevlar의 주요 판매원이었다. 이것을 파악한 DuPont은 5억 달러의 설비 투자를 하여 Kevlar 생산을 하였다. 그러나 자동차 소유자들이 '철로 된 래디알(steel-belted radial) 타이어'를 더 선호하여 타이어 제조 회사는 1년도 채 못 되어 Kevlar 구입을 중단하고 다시 철을 사용하게 되었고 5억 달러 설비 투자를 하여 Kevlar 생산을 한 DuPont은 타격을 입게 되었다.

고객 입장에서 생각해 보지 않은 것이 가장 큰 실패 요인이 된 것이다.

참고문헌

이동희, 매너와 이미지 메이킹 형설출판사, 2005

박혜정, 21세기 밀레니엄 시대의 고객서비스 비법 서비스 실무, 백산출판사, 2010

이정학, 서비스 마케팅, 대왕사, 2011

이학식 외, 마케팅, 집현재, 2010

이인경, 인파워&서비스 이미지메이킹, 백산출판사, 2011

유동근, 통합 마케팅, 한경사, 2011

강나경, 생활예절과 이미지메이킹, 2012

이동희, 매너와 이미지메이킹, 형설출판사, 2005

정혜전, 서비스마케팅, 2005

원석희, 서비스 품질경영, 형성출판사, 1998

이준재 외, 고객감동 서비스 & 매너연출, 대왕사, 2009

손대현, 서비스는 이런 것이다, 백산출판사, 2000

조관일, 서비스에 승부를 걸어라, 다움, 2000

이상환 · 이재철, 서비스 마케팅, 삼영사, 2008

저자소개

김민주

現) (주)에듀온 대표이사
경희대학교 교육대학원 석사 교육공학 전공
세종대학교 일반대학원 석 · 박사 경영학 전공
동원대학교 e-비즈니스학과 서비스 코디네이터 교수
기업체, 공공기관, 병원 등에서 서비스 컨설턴트로 활동

서비스 코디네이터

2016년 3월 7일 초판 1쇄 발행
2017년 3월 15일 초판 2쇄 발행

지은이 김민주
펴낸이 진욱상
펴낸곳 백산출판사
교 정 편집부
본문디자인 오행복
표지디자인 오정은

저자와의 합의하에 인지첩부 생략

등 록 1974년 1월 9일 제1-72호
주 소 경기도 파주시 회동길 370(백산빌딩 3층)
전 화 02-914-1621(代)
팩 스 031-955-9911
이메일 edit@ibaeksan.kr
홈페이지 www.ibaeksan.kr

ISBN 979-11-5763-163-6
값 14,000원